「自分の名前」で勝負する方法を教えよう。

効率的に成功を
つかむための
40のヒント

千田琢哉

祥伝社

「自分の名前」で勝負する方法を教えよう。

――効率的に成功をつかむための40のヒント

プロローグ　一番危険なのは、無能で熱い人。

ここ最近フリーで生きたい人、組織に属さずに生きたい人が増えてきている。

インターネットが地球上に浸透《しんとう》し、SNSがここまで隆盛《りゅうせい》を極めると、小学生や中学生も「窮屈《きゅうくつ》な組織で偉《えら》そうなオジサン、オバサンにペコペコするくらいなら、自分の好きなことで生きたい!」と思うのも無理はない。

もうかれこれ20年ほど前からだろうか、サラリーマン社会とは40～60代の無能なお年寄りを高給で養うために、有能な20～30代半《なか》ばまでの社員が安月給で支える仕組みだという実態が露呈《ろてい》してしまった。

私がコンサル会社に勤務していた頃にも、「あらゆる業種業界において40代半ば以降の社員はほぼ赤字で、現実は27～32歳の社員が組織を支えている」というデータが、極めてわかりやすいグラフ付きの社内資料として、配付されたのを鮮明に憶《おぼ》えている。

コンサル現場においてもこれはそのまま当てはまっていたと思うし、転職の最適年齢も27〜32歳というのはドンピシャで当てはまった。

27〜32歳というのは、名門大企業においては管理職になる直前で、まだ安月給なのに仕事が抜群にできる層なのだ。

さて組織においてもフリーで生きていくにも、一番危険人物は誰だろうか。

それは〝無能で熱い人〟である。

先ほどの40代以上の無能な社員たちは、概して努力家であり、熱意もやる気もある。だからこそ、厄介《やっかい》なのだ（もちろんあなた自身が〝無能で熱い人〟になってはいけない）。

無能な分際であれこれ口を出して、あちこちで動くから周囲に多大な迷惑をかける。

成功するためには何をするのかも大切だが、それ以上に何をしないか、どんな連中とは絶対に関わらないようにするかを決めることも大切である。

なぜなら、どれだけあなたが積み上げた功績があっても、ダメな連中と関わったが最後、すべてが水泡《すいほう》に帰《き》す結果になる例は枚挙《まいきょ》に暇《いとま》がないからである。

私はこれまでにそんな例を数多く目《ま》の当たりにしてきたが、そのたびにまるで自分事のように悔《くや》しい思いをしたものだ。

今から百数十年前に鉄血宰相《てっけつさいしょう》ビスマルクの参謀《さんぼう》として活躍したモルトケも、参謀人事で一番クズなのは「無能で意欲のある人間」と断じている。

無能で意欲のある人間は、動けば動くほど周囲に悪影響を及ぼす疫病神《やくびょうがみ》なのだ。

モルトケが一番高く評価したのは、「有能で意欲のない人間」だった。有能で意欲がないと冷静な決断を下せるから、淡々と継続的に抜群の結果を出せるのだ。

ちなみにドイツ帝国はモルトケのこのアドバイスを無視し、第一次世界大戦で大敗した。

私はサラリーマン時代も現在も、無能で熱い人が近づいてきたら直《ただ》ちに絶縁してきた。たとえ部下であっても食事さえ一度もおごらなかったし、年賀状さえ返さなかった。

変に懐《なつ》かれては困るし、周囲から親しいと思われては私の貫目《かんめ》が落ちるからだ。

その代わり、「有能で意欲のない人間」には、直接的にも間接的にも並々ならぬ応援をしてきたつもりだ。

彼らは卓越《たくえつ》しており、仕事でより高いパフォーマンスを期待したければ絶対に不可欠な存在だったからである。

卓越した彼らにはその有能さゆえに、幼い頃から経験する一つの宿命がある。

「有能で意欲のない人間」は放っておくと、「無能で意欲のある人間」に殺されるのだ。

「無能で意欲のある人間」は無能であるがゆえに、〝持たざる者〟としてのルサンチマン（弱者の嫉妬《しっと》、復讐《ふくしゅう》心）が強烈で、一致団結して陰湿《いんしつ》に足を引っ張りまくるからである。

だから「有能で意欲のない人間」はその他大勢の無能集団から抜け出して、「自分の名前」で勝負すべきであるし、実際そういう選択肢を選ぶ人が昨今増えているのだ。

以上は、有能なあなたがこれから突出するための知恵の、ほんの一部に過ぎない。

だがその他大勢から抜け出して「自分の名前」で勝負している成功者たちは、それらを人生の初期の段階ですでに洞察《どうさつ》して実行に移し、さらに習慣化していたのだ。

なぜ誰もこんなことを教えてくれないのかと言えば、敵を増やすだけだからである。

世の中には、無能で熱い人が至るところで隅々まで跋扈《ばっこ》している。

あなたのごく身近な人にも無能で熱い人はウジャウジャいるはずだ。

だから声に出して言うのはマズいが、こうして本を読み、心を動かし、躊躇《ちゅうちょ》せず無能で熱い人たちと絶縁して人生を拓《ひら》いていくことが、成功のためには絶対に不可欠なのだ。


きっと無能で熱い人に本書を見せると、怒り心頭に発するか真っ赤な顔で心臓の鼓動《こどう》を高ぶらせて必死に批判するはずだ。

それが「無能で熱い人」の証《あかし》である。

本書では成功者たちの多くが実は知っていて、決して公の場では教えてくれない知恵を惜しみなく公開したつもりだ。

本書があなたの人生を変えるきっかけになれば、著者冥利《みょうり》に尽きる。

2019年12月吉日

南青山の書斎から　千田琢哉

目次

Chapter. 2 自分の強みは何か。 47

Chapter. 3 自分の型を持て。 81

Chapter. 4 自己演出力をつけよ。

Chapter. 5 成功に偶然はない。 149

Chapter. 1

戦う場所を決めよ。

勝負は、戦う前から決まっている。

薄々気づいている人も多いと思うが、勝負は戦う前からすでに決まっている。

これを読んで驚いた人は、勝負についての知識全般が周回遅れだと考えていい。**本番で戦うのはあくまでも確認であって、知らぬは敗者だけなのだ。**

もちろんたまに番狂《ばんくる》わせはあるが、それはあくまでも偶然や運によるものだ。偶然や運は一般ではないから、コントロールできない。

つまり、あなたは自分でコントロールできることだけにただ専念すればいいのであって、コントロール下にないことは時間の無駄《むだ》だから無視すればいい。

これに私が最初に気づかされたのは、大学時代に打ち込んでいたスポーツだった。

パワーリフティングという〝誰が一番力持ちなのか〟を決める競技だったが、試合当日にどれだけ頑張ってもまるで意味がなかった。

1年に一度の競技に向けて、どれだけ筋トレを効果的に行なってきたかで勝敗は決まった。

試合当日になってからいくら栄養ドリンクをガブガブ飲んでも、いくらパワーアップのサプリメントを大量に摂取しても、醜《みにく》い悪あがきでしかなかった。

これは就職活動でもそのまま当てはまった。

綺麗事《きれいごと》を抜きにすれば、由緒《ゆいしょ》正しい大企業の就職活動では「入学大学」で勝負はすでにほぼ決まっている。

これは私が社会人になってからも一次情報として確認したが、上位の大学から順番におよそ何人の学生を採用するのかの目標値が、一流企業では完全に定められているのだ。

一流大学がすぐにエントリーできて内定も楽々もらえるのに対して、三流以下の大学がなかなかエントリーできず面接にさえ辿《たど》り着けないのは、最初からそうなっているからだ。

いくらエントリーシートで名文を書いても、面接の特訓をしても、一流大学入学という18年間の集大成の前では太刀《たち》打ちできないのである。

社会人になってもこれは同じで、由緒正しい組織の出世というのは実力ではなくコネや決定権者たちの好悪によって、すでに出来レースで決まっているのだ。

もちろん何かの間違いで役員総辞職などのラッキーが転がり込んでくることはある。だがそれらはあくまでも偶然であって必然ではないのだ。

私自身を例に述べれば、１００冊以上の本を出す著者になることは想定内だった。それもこれも時間の無駄を省《はぶ》いて、自分がコントロールできることにただ専念してきたからだ。

偶然やラッキーだけで１人の人間が１６６冊の本を出せることなど、あるはずがない。

02

有能か無能かは、勝負の土俵で変わる。

あなたが有能か無能かは絶対評価ではなく、相対《そうたい》評価で決まる。

たとえばプロスポーツ選手はいくら勉強ができなくても、そのスポーツで勝ち続ければそれは文句なしに有能と言える。

反対にいくら勉強ができるプロスポーツ選手でも、肝心のそのスポーツで勝てなければそれは文句なしに無能と言える。

以上はとてもわかりやすい例でお伝えしたが、もし同じ会社でもその人が営業か企画か、あるいは人事か経理かによって有能か無能かの評価は変わるだろう。

これを頭で理解するだけではなく、行動に移して習慣化できていることが大切なのだ。

ここだけの話、あなたが無能と評価される土俵《どひょう》で、あなたの貴重な寿命を消費している場合ではない。

なぜなら、奇跡的に授かった貴重な命を無駄遣いすることになるし、そもそも無能と評価される土俵では、周囲の連中はあなたを無能な人間として日々悪気なく洗脳してくるからだ。

実は、この「無能な人間」と洗脳され続けることが、あなたにとって一番の損失であり、被害なのだ（人は他者の目によって形成される）。

だから、もしあなたが自分でも「これは向いていないな」と感じ、周囲もあなたのことを無能扱いしてきたら、即刻辞表を出すべきである。

ビジネス書のエリート著者たちの華麗《かれい》な経歴を眺《なが》めると、数年ごとに様々な業種業界に転職を繰り返していることがわかる。

ヘッドハンティングされたと言えば多少聞こえはいいが、実際には「これは勝てない」と瞬時に判断して自分が相対的に有能に見える土俵に引っ越したのである。

その証拠に3回以上転職を繰り返している人たちは、そのたびに勝負の土俵の偏差値が落ちていることが多いはずだ。

これは批判することではなく、称賛することである。

彼らがビジネス書の著者として成功できたのは、自分が勝負をする土俵を間違えることなく、常に自分を有能に見せる術に長《た》けていたからである。

翻《ひるがえ》って、あなたはどうだろうか。

もう長い間、周囲から〝無能〟のレッテルを貼られて惨《みじ》めな人生を歩み続けているのに、「せっかく入社したのだから……」と醜くしがみついてはいないだろうか。

率直に申し上げて、それは自分の命に対する冒瀆《ぼうとく》である。

03

成功は才能に比例し、努力は自己満足に比例する。

努力を過剰《かじょう》に称賛する人には、ある特徴がある。

無能で熱い人が多いということだ。

無能で熱い人は成功できないから、努力そのものを生き甲斐《がい》として現実から逃《とう》避《ひ》する。


率直に申し上げて、努力は成功には比例しない。

成功は才能に比例し、努力は自己満足に比例するのだ。

努力がいけないわけではないし、誰にとっても努力は必要だ。

だが努力が成功に直結するわけではなく、才能が成功に直結するという厳然《げんぜん》たる事実をあなたには直視してもらいたいのである。


一般にこんな厳しい現実を突き付けて私が得をすることはほとんどない。

むしろ無能で熱い人たちを敵に回すだけである。

だが私は、それらを遥《はる》かに凌駕《りょうが》して、あなたに成功してもらいたいのだ。

成功者たちが「成功できたのはひたすら努力の賜物《たまもの》です。努力に勝る才能はありません」と言うのは、もちろん人気商売だからである。

また「努力を称賛する自分は素敵……」と悦《えつ》に入るためでもある。

なぜそんな裏事情を私が知っているのか。

それは私がコンサル時代に各業界の成功者たちの胸襟《きょうきん》を開いて、密室で彼らから本音を教えてもらったからである。

東証1部上場企業の創業者、テレビ界の著名人、オリンピックの金メダリストたちは、異口同音《いくどうおん》にこう教えてくれた。

「勉強もスポーツもずっと一番でした。世の中すべて才能だと思いますよ。上には上がいますけどね」

「幼少の頃からカリスマ性がありましたね。カリスマ性は生まれつきですから鍛《きた》えても無理です」

「生まれつき身体が大きくて強靭《きょうじん》だった。努力はしましたが周囲よりはしていません」

私の並々ならぬ真剣さが伝わって、彼らもストレートに本音を教えてくれたのだ。

私自身のこれまでの人生を振り返っても確かにそうだった。

努力だけで何とかなるようなものは、競技参加者の偏差値が低い自動車の運転免許くらいだった。

それ以外のまともな競合相手が参加する土俵では、すべて才能がモノを言った。

努力が報われたと言う人もいるが、それはそもそもの才能がある証拠なのである。

04

成功したら、好きになることもある。

「いくら成功しても、好きなことをやっていなかったら幸せじゃない」

これは負け犬の遠吠《とおぼ》えでしかない。

もしくは負け犬の詭弁《きべん》である。

かなり厳しいことを言わせてもらえば、本当に好きなことだけをやって生きていけるのは、その人が無能の証拠でさえある。

資産家のボンボンは、どんなに無能でも好きなことをやって生きていられるだろう。

あるいは才能の欠片《かけら》もない歌手やお笑い芸人たちが、ヒモになって夢を追いかけ続ける人生も同じく無能だからこそできるのだ。

有能な人は、本当に好きなことをさせてはもらえない。

なぜなら自分の好きなことではなく、人類全体の役に立つために類稀《たぐいまれ》なる才能を天から授かっているからである。

アインシュタインは物理学をやるためにこの世に生まれてきたのだろうが、本当に彼が好きだったのは物理学ではなく、趣味のヴァイオリン演奏だったかもしれない。

あるいはピカソは芸術で表現するためにこの世に生まれてきたのだろうが、本当に彼が好きだったのは芸術ではなく、桁《けた》違いの数の恋愛だったかもしれないのだ。

だがここまで読んで、あなたは何かに気づかされないだろうか。

人は好きなことで成功するのではなく、成功したらそれが好きになるケースもあるのだ。

私が独立してまだ間もない頃に、某大手出版社の編集者がこう言ったのを今でも鮮明に憶えている。

「どんなに気乗りしない分野の本を担当しても、売れたらそれが好きになります」

「売れたら血湧《ちわ》き肉躍《にくおど》るし、売れなかったらとても惨めでシュンとなりますよ」

彼は結構堅物《かたぶつ》でそんな本音を人に言うようなタイプじゃなかったのに、その時はかなり真剣な眼差しで語ってくれた。

もともと弱小零細《れいさい》出版社で、成人向け雑誌を作っていたけれども、会社が倒産してしまい、給料が半年も支払われなかった経験があるとも言っていた。

辛酸《しんさん》を嘗《な》めたからこそ見えてくる真実もあるのだろう。

私もこれまでの人生で上手《うま》く行ったことはやっぱり好きになったし、そうでないことは好きにはなれなかった。

現在の執筆の仕事は、本を出すたびに好きになっている。

05

好きなことでも、成功できなければつまらない。

「好きなことをやっていれば、成功なんてできなくても構わない」

もちろん、これも負け犬の遠吠えだ。

好きなことをやるからこそ、成功しなくてはいけない。でなければ、好きなことで得られる真の喜びを知らないまま、人生を終えてしまうことになる。

成功できなければ、いくら好きなことでも次第に好きではなくなってやめたくなってしまうだろう。

ここだけの話、成功すると本当に毎日が楽しい。

好きなこと（成功して好きになったこと）をさせてもらえるだけでも幸せなのに、その上、人とお金が集まってくるのだ。

そんな境遇が楽しくないはずがない。

仮に死後の世界なんてなかったとしても、すでにこの世が天国なのだ。

たとえば、私は毎日完璧な熟睡《じゅくすい》を終えて起きるたびにこんな風に思う。

「嗚呼《ああ》、また今日も天国が始まるのか。本当に生まれてきて良かった……」

かれこれもう10年以上そんな人生を送っている。

もし天変地異《てんぺんちい》や不慮《ふりょ》の事故で死んだとしても、死に際にはこう思うだろう。

「もう十分に天国を満喫《まんきつ》させてもらったから、あの世がなくても仕方がない」

このセリフは、これまで私が出逢ってきた長期的な成功者たちも、異口同音《いくどうおん》に述べていた。

現在の私もまさに同じことを考えている。

そして成功が生んだこの実感が、また一層私を幸せにさせてくれる。

そのぐらい成功そのものに力があるのだ。


某宗教団体では、お金持ちや権力者などの成功者は地獄に堕《お》ちる、と弱者たちを洗脳しているというが、仮にあの世に地獄があるとして、もし本当に成功者が地獄に堕ちるのであれば、私は喜んで地獄に堕ちてみたい。

弱者の集まりである天国で傷を舐《な》め合って鬱々《うつうつ》としているよりは、強者の集まりである地獄でサバイバルしたほうが、よっぽど充実したあの世を過ごせると思うからだ。

かつてニーチェは「力への意志」という哲学的概念を提唱した。

「力への意志」とは、「弱者は天国に行き、強者は地獄に堕ちるなんて真っ赤な嘘《うそ》だ。そんなのは一部の特権階級が多数の弱者を洗脳し、自分が甘い蜜《みつ》を吸うための詭弁《きべん》である。あなたは自然の摂理《せつり》に従って、正々堂々と強者を目指すべきだ」という意味である。

傷つくことを恐れて、「好きなことをやっていれば、成功なんてできなくても構わない」と保険をかけるべきではない。それでは好きなことができていたとしても意味がない。

どんな道を選んだとしてもそこで成功してやる、という力への意志こそが、今の時代に足りていないものであり、人生を拓く上で必要なものなのだ。

06

無能で好きなことにこだわるなら、できるだけ偏差値の低い隙間を狙え。

成功は才能で決まること、好きなことよりも成功を重視すべきことは、嫌というほどご理解いただけたかと思う。

しかしそうは言っても、やはり「好きなことで生きていきたい」という人も多いだろう。そんな人には私から本気のアドバイスをしたいと思う。

まず大前提としてどんなにやりたいことに対して能力がなかったとしても、プロとしての下限の実力は習得してもらいたい。

プロとして下限の実力さえもなければ、ハッキリ言って成功できないし、その分野をすべきではない。

それは医者の世界で考えるとわかりやすい。

プロとして下限の実力もない医者が、たとえ国家試験に合格していたとしても、未熟な手術をあちこちでやらかしていたら迷惑極まりないだろう。

仮にあなたが医者ではないとしても、プロである以上同じことである。

生命保険の外交員だろうが、出版社の編集者であろうが、経営コンサルタントだろうが、プロとして下限の力がない者はお客様に接するべきではない。

よくホテルや銀行で「研修中」という名札をぶら下げて接客しているのを見かけるが、プロとして最悪の行為である。

どうしてお金をもらっている分際で、「研修中」という言いわけをするのか。

そういう醜い言いわけを楯《たて》にする組織は、確実に衰退すると相場は決まっている。

もちろん、あなたにはそんな醜い人生を歩んでもらいたくない。

しっかりプロとして下限の実力をつけた上で、正々堂々と成功を目指してもらいたい。

以上を踏まえた上で（プロ水準としては）無能でも好きなことにこだわるなら、できるだけ偏差値の低い隙間《すきま》を狙《ねら》うことだ。

あらゆる職業には花形と窓際が存在する。

組織内にも存在するし、仕事にも存在する。

その場合にあなたは迷わず窓際コースを選ぶことだ。

花形コースで落ちこぼれるよりも、窓際コースで敵が少ない中で好きなことを見つけて没頭したほうがいい。

組織内では見下されるかもしれないが、落ちこぼれて無能な人間と洗脳され続けることなく、あなたは満たされるし、世間体も悪くない。

インターネットで調べればいくらでも事例は出てくるが、子会社の時価総額がいつしか親会社を超えてしまったり、ブランド力も子会社が上回って親会社の存在が忘れ去られたりすることなどいくらでもある。

業界内や社内でも異端児《いたんじ》が既存勢力をごぼう抜きして出世することも多々ある。

いずれにせよ無能ならばできるだけ偏差値が低くて、勝ちやすい隙間を狙うべきである。

大切なのは「石の上にも三年」ではなく、逃げ足の速さである。

これまで私は「こいつ、根本的に無能だから早く辞めてくれないかな」と内心感じた複数の社員が、「石の上にも三年」を座右《ざゆう》の銘《めい》にしているのを何度も確認した。

こうして本を書くからには本当のことを伝えなければならないと思うが、「おいおい、お前に3年もいられたら迷惑だよ」と感じたものだ。

こういう連中は社内外でたらい回しにされ続けていたから、能力だけではなく性格まで捻《ね》じ曲《ま》がってもう使い物にならなかったのだ。

こういう現象はもし勝負の土俵を間違えれば、あなたにも私にも同じことが言えるので、反面教師として虚心坦懐《きょしんたんかい》に学んでもらいたい。

以上を踏まえた上で言わせてもらうと、無能なのにその場所で「石の上にも三年」と踏ん張るのは寿命の無駄遣いだということである。

率直に申し上げて石の上には3カ月どころか、3日もいれば十分だ。

人によっては3時間や3分、あるいは3秒でもいいかもしれない。

大切なのは、あなた自身が「あ、これはアカン」と、全身の細胞で自分の無能分野を察知する感性である。

たとえば力士として活躍するために生まれてきた骨格や筋力の持ち主が、長距離選手を目指したら挫折《ざせつ》するはずであり、「あ、これはアカン」と感じるはずだ。あるいは芸術家として活躍するために生まれてきた聴力や感性の持ち主が、物理学者を目指したら挫折する可能性もあり、その場合も「あ、これはアカン」と感じるはずだ。

いずれも、逆も然《しか》りである。

一度「あ、これはアカン」と感じたらどれだけ早く撤退できるかは、戦争や経営戦略で最も大切な能力である。

なぜなら「あ、これはアカン」と自分で気づいてしまったら、あなたの潜在能力はもうそのコースを捨てるように全身の細胞を始動させるからである。

まずは日常生活でこの感性磨きを練習すればいい。

訪れる予定だった場所の近くまで来て「あ、これはアカン」と直感したらすぐにキャンセルしてその場を立ち去ることだ。

サービスを受けるお店や、何かの集まりがあったとしても、その場において「あ、これはアカン」と直感したら中座《ちゅうざ》することだ。

日々のこうした凜々《りり》しいあなたになるための訓練の集大成が、あなたの人生を創る。

だからこそ、しっくりくる場所に身を置くべきだ。かつて私も「転職したら戸籍がなくなるのと同じ」とさえ言われたことがあったが、それは嘘だった。

私が転職や独立で失ったのは、手枷足枷《てかせあしかせ》だけだった。

まず、ある場所で
圧倒的地位を
築いてしまえば、
「下手の横好き」
でも生きていける。

さてここまで本書を読み進めたあなたには、とっておきの知恵を伝授したいと思う。

それはある場所であなたが一度圧倒的な地位を築いてしまえば、「下手《へた》の横好《よこず》き」でも生きていけるということだ。

たとえば本当は小説家に憧《あこが》れていた人が、とりあえず今できることから始めようとしてビジネス書の著者になったとしよう。

彼がビジネス書でベストセラーを連発し、圧倒的な地位を築いたら必ず小説も書ける。

なぜなら彼にベストセラーを出してもらった出版社の中から、「何でも先生のお好きな本を書いてください」と彼のわがままを聞いてくれる会社が登場するからである。

あるいは比較的規模の小さな出版社から「先生、小説でも何でも書いてください！」と懇願《こんがん》される立場になるからである。

いずれも私自身が経験したことであり、私の周囲にいるベストセラー作家たちもそれを経験している。

私は小説家に憧れたことはこれまでに一度もないが、もし私が小説を出したいと思えばいつでも出せる環境にあるということだ。

あるいは将来は本を出したいと思っている人が、芸能界やスポーツの世界で成功すれば比較的簡単に出版を実現できるはずだ。

いずれもどんなに未熟な仕事しかできなくても、「下手の横好き」で生きていける。

ちょうど企業のオーナーが富も名誉も権力も時間もすべて獲得した上で、下手なままで一生ゴルフ三昧《ざんまい》の生活をするようなものだ。

誰にも文句を言われる筋合いはないし、場合によっては自分よりもさらに下手な人間を周囲に集めることで、一生「俺は凄《すご》い」と勘違いしながら人生を終えることもできる。

私はそういう人生を歩もうとは思わないが、そういう人生を認める。

だからまずは、好きなことよりも、自分が戦える場所を見定めることだ。

もし読者の中で、やりたいジャンルでプロの下限の能力さえもクリアできない人がいるとすれば、別の得意な分野でひとまず成功して、生涯賃金を稼ぎ切ることを考えればいい。

私がまだ経営コンサルタントの駆け出しだった20代の頃、あるクリニックの医院長が「40歳までに生涯賃金を稼ぎ終えて、あとは好きな数学の勉強をして一生を終えたい」と教えてくれた。

とりあえずお金のために彼は医者になったが、数学は下手の横好きだと割り切っていた。

素敵な生き方だと思ったし、今の私は彼と似た人生を歩んでいる。

はじめに、土俵ありき。

Chapter.1 Key Word

Chapter. 2

自分の強みは何か。

評価されたいことではなく、評価されたことがあなたの強み。

あなたの強みを発掘する方法は簡単である。

あなたが常日頃から自分が評価されたいと頑張っていることではなく、周囲から勝手に評価されてきたことを思い出せばいいのだ。

あなたが評価されたいと思っていることは、周囲の人から見たらどう思われているのか。実は「才能もないのに、頑張っちゃって（笑）」と内心思われていることが圧倒的に多い。

私がコンサル時代に、顧問先の従業員に対してヒアリング調査を行なってきた結果がそうだったから、これはほぼ間違いないと思う。職場の実態はこんなものだ。

私自身が第三者から見てもその判断は正しかったし、社内の人間同士では完全に相手が有能か無能かは見透《みす》かされているのだ。

それに対して周囲から評価されることというのは、自分では意外に気づかないものだ。
ヒアリング調査を通して「周囲はあなたの強みはこんなところだと褒《ほ》めていましたよ」と教えても、ほとんどの人がポカンとしてそれを受け入れようとしなかった。

自分としては当たり前だと思っていたこと、特に意識していなかったことこそが本人の才能なのだ。

そして、周囲はそんなあなたの才能を完璧に洞察しているものだ。
灯台下暗《もとくら》しとはまさにこのことである。

たとえあなたが、いくらインテリに見られようと頑張っていても、実力が伴っていなければ、周囲から見たらむしろ頭の悪さが際立ってしまう。
そもそも、インテリに見られようとしているその姿勢が、インテリの対極だからである。他の誰でもなく自分が頭の悪いことを知っているからこそ、インテリに憧れるのだ。

だからこそ、もしあなたが「知性」ではなく、「素直さ」「明るさ」「レスポンスの速さ」で周囲に評価されているのなら、あくまでもそれらで勝負すべきである。

本来の自分の強みで評価されると、他の能力もハロー効果（ある対象を評価する時に目立つ特徴があると、それに引っ張られて他の要素の評価も影響を受けること）で底上げされるものだ。

あなたの強みは、桁違いの格上の相手にしか聞いてはいけない。

経営コンサルタントによる社内ヒアリング調査の報告会の機会でも巡《めぐ》ってこない限り、あなたの本当の強みを教えてもらえるチャンスはほとんどない。

なぜなら、周囲はあなたの強みをいくら知っていても、時間を割《さ》いて馬鹿丁寧《ていねい》にそれを教えることなどないからである。

これは少し考えればすぐにわかるだろう。

そもそも、なぜ普段から同じ空間で呼吸している同レベル、もしくはすぐ格下にいるあなたに強みを教えて出世させなければならないのか。

そんなことをやらかしたら、周囲のライバルはあなたに置いてきぼりにされて、自分の立場が危《あや》うくなるではないか。

特に日本のような村社会では、そうした群れから飛び出して出世する人間を許さずに、引きずり下ろそうとする傾向が強い。

今回初めて告白するが、私自身にもそんな経験がある。

サラリーマン時代に、自分の文章にプライドを持っていた上司がいた。

本人の弁によると、かつて自分はゴーストライターを務めた経験もあるという。私から見れば彼はプロには程遠く、セミプロ（＝プライドの高いアマチュア）だった。

同好会レベルならともかく、人様に売るレベルではなかった。

しかし、だからこそ彼は言葉には敏感で、私の文章を読むたびにアドバイスのふりをしてケチをつけてきたものだ。

ところが、その会社の当時の代表取締役が私の文章を絶賛したのだ。

絶賛というよりも、屈服《くっぷく》と言ったほうが正確な表現だろう。

「文章が上手いね」ではなく、「文章が怖い」と表現してきたのだ。

もちろんその上司もそれを聞いていたが、嫉妬に狂って「このキーワードがウケたのだ」「見る目がない」などと焦《あせ》っていた。

「上手いね」はセミプロに対しての褒め言葉だが、「怖い」はプロに対する畏《おそ》れだ。

こういうのは、本物のプロ同士でなければあの世に逝《い》っても理解できない世界だ。

だからこそ近すぎる相手からは、ケチはつけられても本当の強みなど教えてもらえないのだ。

あなたにも必ず何かしらの強みがあるはずだ。

あなたの強みは周囲の凡人《ぼんじん》にではなく、桁違いの格上の相手にだけ聞くことだ。桁違いの格上の相手とは、レベルが違い過ぎて利害関係が発生しない相手である。

平社員なら最低でも2階級上、課長ではなく部長にあなたの強みを真剣に聞こう。

私の場合は20代の頃から10階級や１００階級上の相手に強みを散々教わってきた。

その結果、今ここにいる。

努力して勝ち取った強みは、努力せずに勝ち取った強みに劣る。

これまた厳しいことを述べるが、強みに努力は関係ない。

もちろん、努力してはいけないわけではない。

だが本物の強みというのは、努力で下克上《げこくじょう》を果たせるようなレベルではないのだ。

そもそも努力というのはして当たり前のことであり、特別に称賛されるべきことではない。

プロを目指すのであれば、努力なんて呼吸の如《ごと》く、わざわざこれ見よがしにしないで、人知れず粛々《しゅくしゅく》とするものである。


以上を踏まえた上で、断言できることは次の事実である。

努力して勝ち取った強みは、努力せずに勝ち取った強みに劣《おと》るのだ。

あなたが1万時間を費やして100の結果を出したとしよう。

もし同じ土俵に、1000時間で同じ100の結果に到達した者がいたら、もはやあなたに勝ち目はない。

さらには、たったの100時間で100の結果を叩《たた》き出す人物が登場したら、あなたは単なるお荷物として軽蔑《けいべつ》の対象になるだろう。潔《いさぎよ》くその土俵を降りるべきだ。

これはあなたを絶望の淵《ふち》に追いやるために述べているのではなく、そうならないために述べているのだ。

強みというのはプロの水準に達する前は、楽に評価を獲得できるものほど素晴らしい。

プロの水準に達するまでに苦労しているようでは、その強みは使い物にならない。

否《いな》、この際もっとハッキリ言ってしまおう。

プロになるだけで疲労困憊《こんぱい》しているようでは、その道で食べていくのは絶望的だ。

その理由は、努力して勝ち取った強みというのは低レベル止まりで、結局評価

されないからである。

努力して勝ち取った強みの持ち主は、いずれ必ず努力せずに勝ち取った強みの持ち主に完敗する。

私にこんなことを教わらなくても、本当は誰もが心の中で薄々気づいているはずだ。

だが単に知っているのと、実際に行動に移し、習慣化できているのとでは雲泥《うんでい》の差がある。

あなたの努力の半分未満で、あなたと同レベルに到達した相手には永遠に勝てない。

あなたは、周囲の半分未満の努力で、周囲と同レベル以上に到達できるような土俵で生きるべきなのだ。

そうすれば卑《いや》しい顔をして嫉妬する側ではなく、清々《すがすが》しい顔で嫉妬を許せる側になれるわけだ。

競技参加者の中で上位5%に入れないなら、その道のプロにはなれない。

これまでに私は様々な業種業界を見てきたが、こんな法則に気づかされた。

その分野の競技参加者の中で実力が上位5％に入れないようなら、他の能力がいくら高かろうと、その分野ではプロになれないということだ。

たとえば営業部隊、研究チーム、スポーツチームを率いるリーダーを考えてみよう。

彼らがそれぞれ現役時代の成績が真ん中だとか落ちこぼれていたとしたら、そもそも人がついてこないし、実際に的外れなアドバイスしかできないはずだ。

営業成績で結果を出したことのない人のアドバイスなど誰も信じないし、そういう人が大好きな〝絵に描いた餅《もち》〟では何も成果が出せないはずだ。

学者としてまともな研究成果を出したことのない人間の提言など誰も聴く耳を持たず、実際に机上《きじょう》の空論の連発で膨大《ぼうだい》な研究費を無駄にすることだろう。

スポーツ選手として何も結果を出したことのない人の助言や叱責《しっせき》など拷問《ごうもん》に等しく、チームがバラバラになって空中分解するのは目に見えている。

別に断トツの成績を維持する必要はないが、１００人中5番以内をキープできる実績は不可欠だろう。

その程度の能力がなければ、できる人たちの共通言語である「本質」をつかんでいないし、人様に教える身分でもないということなのだ。

作家の世界でもこれは同じである。

あらゆるジャンルで作家が処女作を出して、２作目のチャンスがもらえるのは約20％だと言われている。

つまり、本を出したことのある人の中で2冊以上の自著が出せた人は、５人に１人なのだ。

しかもそこから先がこれまた厳しいのだが、何とかギリギリ食べていける程度の印税を稼ぎ続けられる人となると、さらにその中の20％もいない（20％×20％＝４％）。

作家の世界でも、過去に本を出したことがあるという全著者の中で、最低でも上位5%に入らなければ職業作家になることはできないのだ。

これは別に作家の世界が厳しいという話をしたいのではなく、あなたの勝負の土俵でも同じだということを言いたいのだ。

私は2社でサラリーマンを経験したが、いずれの世界もプロと呼ぶにふさわしいのは上位5%以内だった。

下位95%は会社の看板にぶら下がっていただけのセミプロ、もしくは素人《しろうと》未満だった。そのレベルでは、自分の名前でプロとして食べていくことなど望むべくもないのだ。

Chapter.2 自分の強みは何か。13

ライバルにボコボコにされながら、強みを軌道修正していく。

あなたの強みは生涯の宝だから、ぜひ徹底的に生涯磨き込んでもらいたい。

ダイヤモンドも磨き込まないと永遠に輝かないように、あなたの強みも磨き込むことで輝いていくのだ。


では、発掘したあなたの強みはどうやって磨けばいいのか。

それは自分が才能のあるジャンルとして挑んだ場で、ライバルたちときちんと戦い抜いて、ボコボコにされながら磨いていく以外に方法はない。

格闘家が必ず試合で自分の実力をチェックするように、一流大学の受験生たちが頻繁《ひんぱん》に模擬試験を受験して自分の学力を把握するように、あなたの強みも独りよがりではなく、実際に勝負に挑んだ上で、本物かどうか勝敗をハッキリとつけることが大切なのだ。

勝てば途轍《とてつ》もない自信になるし、負ければ途轍もなく悔《くや》しい。

勝っても負けてもそこから得るものは途轍もなく大きく、自分だけで強みを磨くのとはわけが違ってくる。

たとえば職業作家に限らずインターネット上で自己表現する人たちは、どうして成長のスピードが桁違いに速いのか。

それは競合と日々対決して勝敗の結果を受容しているだけではなく、世間からも厳しい目でチェックされ続けているからである。

そうすることで自分の強みの補強をしたり見せ方を工夫したりして、淡々と軌《き》道《どう》修正をし続けるのだ。

相手も命がけだし、あなたも命がけだ。

うかうかしていると足をすくわれるし、すぐに業界から抹殺《まっさつ》されてしまう。

綺麗事を抜きにすると、プロの世界で強みを磨いて突出するためには、弱肉強食という自然の摂理からは目を背《そむ》けるわけにはいかないのだ。

ある芸能界の大御所が著書でこんな感じのことを書いていた。

「俺がここまで成功するまでに、一体どれだけの芸人たちを殺してきたか……」

これは芸能界に限らずあらゆるプロの世界は同じである。

そもそも我々は父親が母親に膣内《ちつない》射精してから、どれだけのライバルを押しのけて卵子を目指してサバイバルしたのか想像してもらいたい。

受精卵になるまでは勝負から逃げるわけにはいかないように、プロとして自分の土俵を勝ち取るまでは勝負から逃げるべきではないのだ。

14

自分の才能のサイズを正確に把握しておく。

世界一の投資家ウォーレン・バフェットがかつてこんなことを述べていた。

「大切なことは、自分の能力の輪を大きくすることではない。輪の境界を厳密に決めることである」

彼によるとエリート揃《ぞろ》いの投資の世界では、IQが高い者が必ずしも勝つわけではないとのことだ。

IQ160なのに背伸びをしてIQ200のふりをするよりも、IQ120でIQ120の勝ち方をするほうが確実に勝てるのだ。

IQに限らず己《おのれ》の器《うつわ》のサイズを正確に把握して、そこからはみ出すようなことには手を出さないことが投資で勝ち続けるためには重要だということである。

これは投資に限らないと私は思う。

コンサル時代に3000人以上の経営者と対話したが、その中には長期的な成功者たちも数多く含まれていた。

長期的な成功者たちの共通点は、自分の分《ぶん》を知っていたことである。

しかも分を知っているだけではなく、それを踏まえて行動し、さらにそれを習慣化していた。

もちろん私が彼らの真似をしたのは言うまでもない。

経営者の中には「将来は世界的企業を目指すぞ！」と叫びながら、翌年には借金取りに追われて夜逃げする人もいた。

反対に「自分は人様を雇《やと》えるような人間ではない」と冷静沈着に個人事業主に徹して、従業員数百人に匹敵《ひってき》するような年商を誇《ほこ》っていたカリスマもいた。

規模の大小に関わらず、パフォーマンスの派手さにも無関係で、長期的に成功する人は分を知り、その分の範囲内で目一杯輝いていたのだ。

だから私はいつも分を弁《わきま》えない人を見ると、「もったいない」と悔しく思う。

分を弁えるということは、負けるということではない。

自分の分を知ることで、自分〝ならでは〟の勝ち方が見えてくるのだ。

作家の世界で言えば、芥川《あくたがわ》賞を目指して死ぬまで落選し続けてヒモ人生で終わるよりも、ラノベや児童用の絵本を書いてベストセラーを連発したほうが絶対に幸せだ。

ラノベや児童用の絵本が将来は社会的な地位を得て、芥川賞や直木《なおき》賞よりも評価される時代が来ないとも限らない。

自分の才能のサイズを受容し、愛し、感謝し、磨き続けるのは最高に幸せである。

15

同僚や補欠の先輩の嫉妬は、あなたの才能のリトマス紙。

あなたの才能が本物かどうかを目利きする簡単な方法がある。

それは同僚や補欠の先輩が嫉妬するかどうかである。

嫉妬というのは、する側は自分が嫉妬していることに気づいていないが、嫉妬される側は自分が嫉妬されていることがすぐにわかる。

それは〝持てる者〟たちには、〝持たざる者〟を許す宿命があるからだ。

許す側はすべてを洞察しているが、許される側はいつも無知《むち》蒙昧《もうまい》で何も知らない。

それが自然の摂理であり、それでいいのだ。

持てる者たちは、持たざる者たちにとって、ただそこにいるというだけで邪魔な存在だ。**なぜなら、持たざる者たちは持てる者たちがいるために、自分たちが劣っていることを「これでもか！」というほどに思い知らされ続けているからである。**

持てる者はある種の加害者になってしまい、持たざる者はある種の被害者になるのだ。

交通事故でも自分の過失で追突されたのに、「どうしてくれる!」と被害者面《づら》で叫ぶ人がいるだろう。

あれと同じで、持たざる者は持てる者に対して「どうしてくれる!」と論理の通らない嫉妬をするのだ。

あなたは持てる者だから、どうか許してあげてもらいたい。

私もこれまでに数え切れないほどの同僚や補欠の先輩たちに嫉妬され続けてきた。

しかし、それらはすべて大学時代の読書で完璧に予習済みだったから、別に痛くも痒《かゆ》くもなかった。それどころか「あ、これが本に書いてあった雑魚《ざこ》キャラか」といつも吹き出していた。

あなたに嫉妬してくる同僚や補欠の先輩という雑魚キャラは、スルーして放っておけば何も害がないから、安心して適当に流しておけばいい。

数年後にインターネットでチェックすると、たいていは会社の横領《おうりょう》で逮捕されていたり、すでにフェードアウトしていたりするものだ。

これは大袈裟《おおげさ》でも作り話でもなく、実際に私自身の周囲に起こった一次情報である。

彼らは彼らで格上に嫉妬するという役割を愚直《ぐちょく》に果たしたのだ。

それはそれで持たざる者である彼らを、ちゃんと認めてあげるべきである。

だがこんなにわかりやすい成功のリトマス紙は存在しないくらいだ。

私の場合は文章力と講演力がその対象だったが、あなたにはあなたの才能があるはずだ。

それは黙っていれば持たざる者がちゃんと見つけて指摘してくるから大丈夫だ。持たざる者が鬱陶《うっとう》しくなってきたら、転職や独立をして花を咲かせるのも悪くない。

16

ハイレベルの強み一つに加えてプチ強みが二つで、あなたは無敵になる。

「自分の強みで勝負しなさい！」

「圧倒的強みが一つあれば大丈夫」

巷《ちまた》の自己啓発書はそういうセリフで満ち溢《あふ》れている。

それらの言葉は果たして正しいのだろうか。


――もちろんすべて正しい。

あなたに圧倒的な強みが一つあり、それで勝負できれば間違いなく勝者になれる。

だがそれは野球の世界で言えば、メジャーリーグのスタメンレベルの才能である。

経営コンサルティングの世界であれば、大前研一《おおまえけんいち》氏レベルの才能である。

もしあなたが、世界中の競技参加者たちが戦意喪失《そうしつ》するレベルの才能の持ち主であれば、もう他には何も要らない。

どうか本書を閉じて寸暇《すんか》を惜しんでその才能磨きに勤《いそ》しんでもらいたい。

しかし、あなたにそこまでの才能がなければ、ぜひ知っておいてもらいたいことがある。

それは、ハイレベルの強み一つに加えて、プチ強みを二つ持つことだ。

つまり、三足の草鞋《わらじ》を履《は》けるようにするのだ。

あなたがどこかの業界で、「これからは私という人間が参加します。よろしく！」という狼煙《のろし》を上げられるほどの才能があれば、メジャーリーガーレベルとは言わなくても、ハイレベルの強みだといえよう。

そのハイレベルの強みがあれば、当分はそれだけで生きていくことができる。

作家の世界であれば名のある賞を獲得したり、10万部を超えるベストセラーを1冊出したりすれば、約2年間は本を書かせてもらえる。

だが2年を過ぎると狼煙の賞味期限は終了だ。

試しに過去の文学賞受賞者や、10万部超のベストセラー作家たちのその後をインターネットで調べてもらいたい。

2年後にはすっかり作品が途絶えて、芥川賞や直木賞のようなメジャー級の文学賞受賞者でさえ、消息不明になっている人も少なくないはずだ。

だからこそ、ハイレベルの強み一つに依存しすぎないことだ。

たとえば作家の場合、文章を書くのがハイレベルの強みとすれば、いつでもいろんなテーマで講演ができる知識力と、ラジオやテレビなどから声がかかるユーモアセンスを持っている、といった具合だ。

美容師なら仕事の腕前に加えて、メンサ（全人口のうち上位２％のＩＱの持ち主であれば、誰でも入れる国際グループ）の会員だとか、腕時計を語らせたら美容業界では右に出る者はいないといった具合だ。

一見すると無関係に見える能力でも、かけ合わせて間接的に影響を及ぼせば、無敵の強みになるのだ。

嫉妬されるということは、幸せなことだ。

Chapter. 2 Key Word

Chapter. 3

自分の型を持て。

まず、直接話せないレベルの遠くの成功者一人から徹底的に盗め。

「型にはまるのは嫌いです！」と主張する人は多いが、どんなことでも最初に型がある。型を習得できない人間は、何一つ成し遂げることなくこの世を去るだろう。

世の中とはそういうものである。

さて、では最初の型はどのように習得すればいいのか。

それはあなたが直接口を利いてもらえないレベル、同じ空間で呼吸するのが許されないレベルの遠くの成功者から徹底的に盗《ぬす》むことだ（最初は超一流の型を習得すべし）。

たとえばビジネスの世界なら、一代で東証1部上場企業を創業したオーナーの著書から経営哲学を学ぶのでもいいだろう。

政治の世界なら、世界各国の大統領などの首脳、最低でも国内の閣僚で評価が高かった人物の著書や記事から学ぶべきである。

作家の世界なら、ノーベル文学賞受賞者だとか、すでに数百冊以上の作品を持っている著者たちのインタビュー記事から貪欲《どんよく》に学ぶべきである。

幸いなことに現在はインターネットもあるため、様々な情報が獲得しやすくなった。

現在ほど成功者から多くの知恵を学べる時代はないくらいだ。

まずは成功者一人から徹底的に学び、それを貪欲に盗んで自分流に加工することだ。

私の場合は大学時代に世界中の多作家《たさくか》たちの本を貪《むさぼ》り読んで、その中で一人の成功者にターゲットを絞《しぼ》って本質を盗んだ。

当時その多作家はゴーストライターを雇わずに自分で書いていたのだが、彼からは集中力が途切れるまでに一冊書き切るというスタイルが洞察できた。

後にこれを演繹《えんえき》的に他の多作家に当てはめてみたところ、それ以外の多作家たちも同じスタイルであるとわかった。

この知恵は現在の私の執筆の礎《いしずえ》になっているだけではなく、サラリーマン時代の仕事のやり方にも応用できて非常に助かった。

偉大な経営者、偉大な政治家、偉大な作家など天才たちには、必ず凡人にも真似できる工夫があるものだ（もちろん真似できない部分も多いのだが）。

しかも意外なことに、天才ほど初歩や基礎を呆《あき》れるほどに大切にしており、天才の周囲に群れる秀才たちが当たり前だとバカにするようなことを、徹底的にやり込んでいることが多い。

当たり前のことを当たり前にできる習慣は、決して当たり前ではないのだ。

18

次に、直接話せるレベルの近くの成功者一人から徹底的に盗め。

直接話せないレベルの遠くの成功者から型を盗んだら、次はどんな相手から型を盗めばいいのか。

それは直接話せるレベル、つまり社内や取引先の成功者から徹底的に盗むことだ。

多くの場合は上司や先輩になるだろう。


私の場合もそうだった。

最初に入った会社では隣《となり》の課で抜群の成績を出していた先輩社員がいた。

そのため私は彼に教えを乞《こ》い、徹底的に型を盗んだ。

彼は朝が早かったため、私も彼の出社時間に合わせた。

彼は筆まめだったため、私も筆まめに徹した。

彼は哲学書を読んでいたため、私も哲学書を読んだ。

もちろん途中で「これは不要」と判断したものもあったが、とりあえず全部呑み込んで貪欲に吸収しようとした（教わる側がそういう姿勢を見せることは大切だ)。

その結果、私〝ならでは〟の型が完成し、まだ働き方改革などなかった頃から実質週休5日体制を実現できた(やらなければならない仕事は、2日間ですべて終わらせることができた)。


転職先の会社では、自分の上司がまさに抜群の成績を出していた。

これまた非常にラッキーだったのは、私が最初に習得した直接話せないレベルの遠くの成功者とほぼ思想が被《かぶ》っていたことだった。

だから上司から盗んだというよりも、最初に習得した遠くの成功者の型を復習していたというのが正直な感想である。

幸いなことに上司はその遠くの成功者についてあまり詳しくなかったため、私の予習、というかカンニングはバレなかった。

上司からすれば私は〝目から鼻に抜ける存在〟と誤解されたため、随分と依怙《えこ》贔屓《ひいき》をしてもらったが、この場を借りてお礼と懺悔《ざんげ》をしておきたい。

ただ遠くの成功者と近くの成功者の根本が同じ思想で、復習ができるというのは本当に無敵であり、完璧に型を習得することができた。

これは私の人生で一番の幸運であり、現在の私を創ってくれた要《かなめ》だと思っている。

近くの成功者から学ぶのは、遠くの成功者から学ぶのと違って、欠点も見えるのがいい。どんなに優秀な人間でも多くの欠点があるが、逆にそれが心の支えになるものだ。

遠くの成功者の欠点はほとんど見えず、「真似できない」とめげそうになることもある。

19

最後に、森羅万象すべてから貪欲に吸収せよ。

遠くの成功者と近くの成功者から型を習得したら、今度は出逢う人すべてを師にできる。

これは綺麗事で述べているのではなく、私は本音で述べているのだ。

最初に一流の型を習得すると、それ未満かどうかで、すぐに本物と偽物《にせもの》の区別がつくようになる。

たとえば私はコンサル時代のラスト2年間で、保険業界内ではベストセラーとなった本（5刷・1万3000部突破）を出し、複数の業界紙に1面記事の連載を半年や1年以上にわたって執筆した。

すると同業他社の外資系コンサルティング会社から「うちに来ないか」と声がかかった。

もう時効だから公開するが、オファーをしてきたのは、私に業界紙の連載の枠《わく》を奪われた複数の会社からだった。

試しに会社の面接に行ってみると、面接官の話の内容が的外れで中座して帰ってきてしまったこともあった。

あるいは私が保険業界に向けて注いでいるほどの情熱は、彼らにはないということもわかってしまった（どちらかと言えば、私自身がそれほど情熱がないと思っていたくらいなのにだ）。

ソクラテスの「無知の知」のエピソードではないが、自分が賢者だという神託《しんたく》を受けて、「こんなに無知な自分が賢者のはずがない」と疑って、あちこちの賢者たちと話したら本当に自分より無知で驚いたというのとどこか似ている。

経営コンサルタントに限らず、どんな世界でも「一流はこういうことは言わない」という不文律《ふぶんりつ》がある。

それは人間性だけではなく、専門的なスキルや知識についてもそうである。

そういう判断が瞬時に下せるのが、これまでに一流の型を習得してきたかどうかなのだ。

一流の型を習得しておけば、この世の森羅万象《しんらばんしょう》すべてから吸収することができ

る。

どんな人と会っても師にできる。

もちろん尊敬できる師もいれば、反面教師となる人物もいる。

いずれにせよありとあらゆる存在を、必ずあなたの血肉にできるのだ。

私の場合は3000人以上のエグゼクティブたち、1万人以上のビジネスパーソンたちと対話できた経験がこれまた幸運だった。

善悪を超越してすべての人々から学びがあったし、多くの人に会えば会うほど私の型が正しいことを再認識できた。

もちろん次はあなたの番である。

一度盤石《ばんじゃく》な型を習得しておけば、あえて型を離れるのもまた楽しい。

あなたの勝ちパターンは、睡眠のリズムにヒントがある。

さて、こればかりはいくら数多くの成功者から学んでもなかなか定まらない、という型がある。

それが睡眠のリズムだ。

睡眠のリズムは一人ひとり違う。

だからこそ宇宙であなただけの睡眠のリズムを把握し、それを人生の中心に置くことであなたはグンと成功しやすくなるのだ。

これは冗談ではなく、本当の話だから心して読んでもらいたい。

もしあなたが本気で成功したいのであれば、あなたの睡眠のリズムを妨《さまた》げる相手、仮にそれが家族でも配偶者でも徹底排除すべきである。

朝型が自分に合っている人は、徹底して朝型で勝負すればいい。

夜型が自分に合っている人は、徹底して夜型で勝負すればいい。

毎日1時間前後ずつ就寝時間と起床時間が変わる人は、それで勝負すればいい。

ちなみに朝型にすると成功するというのは嘘である。

そんなことを言ったら新聞配達人は全員大富豪になっていてもおかしくないが、そんな話を聞いたことがない。

夜型人間が成功できないというのも嘘である。

夜型には確かに犯罪者も多いが、同時に天才的な成功者も数多くいる。

どうやら夜型にはクリエイティブな才能を持つ天才型が多く、その恵まれた才能を良い方向に活かすと成功者になって、悪い方向に活かすと犯罪者になってしまう傾向があるようだ。

いずれにせよ世間体や常識を無視して、あなたの睡眠のリズムを正確に把握することが成功には不可欠なのだ。

そして把握したら、それが実現できる環境を構築することである。

あらゆる言いわけを乗り越えて、あなたの睡眠のリズムを完全に満たす環境が実現できた瞬間が、あなたが成功者になれた瞬間だ。

私も自分の睡眠のリズムを把握して、それを満たす環境を一切の妥協《だきょう》を許さずに完璧に実現できた。

今では毎朝「もうこれ以上眠れない」という状態で目覚めている。

目覚まし時計はもうかれこれ十数年は使っていないし、そもそも所有していない。

あなたの睡眠を満たせば、あなたの人生は成功したも同然なのだ。

あなたの勝ちパターンが見えてきたら、それをとことん使い倒せ。

一度あなたの勝ちパターンが見えてきたら、それを実践でどんどん試すことだ。さながら受験勉強で志望大学に必須のアイテムと好評の参考書をマスターしたら、過去問や模擬試験などの予想問題でどんどん実力を試すようなものだ。

あの要領で人生も自分の型を使い倒せばいい。

もちろん上手く行かないこともあるだろう。

周囲から嘲笑《あざわら》われることもあるだろう。

だがそれらは一切気にする必要はない。

もし気になるようなら、転職や独立で場所を変えればいい。

あなたが自分の勝ちパターンを磨き抜いて頭角を現わした頃に、嘲笑っていた連中の顔が引きつる。

成功者となったあなたが街中で相変わらずうだつの上がらない彼らを見かけたら、心の中でこう囁《ささや》けばいい。

「ダス・マン……」

「ダス・マン」とは20世紀のドイツの哲学者ハイデガーが、「人生をくだらない愚痴《ぐち》・悪口・噂話《うわさばなし》で埋め尽くし、野次馬的な生き方をする人々」をそう名付けたのだ。

あなたの周囲にもダス・マンは掃《は》いて捨てるほどいるだろう。

ここだけの話、人は放っておくと9割以上がダス・マンで人生を終わらせる。

世の中を見ていれば気づかされるように、ヒソヒソ話の大好きなダス・マンがどれだけ挑戦者の周囲に発生するかが、その挑戦者の成功を決めるのだ。

ちなみにハイデガーはあなたのように、懸命に生きる人、命を燃やし尽くす人のことを「ダーザイン」と名付けている。

「ダーザイン」とは人がいずれ必ず死ぬという事実を受容し、その上で日々懸命に生きる人だ。

あなたがこの世に生まれた理由はたった一つである。

あなた〝ならでは〟の勝ちパターンを発掘し、それをとことん使い倒しながら

人生をより有意義にするためである。

そのためにあなたは明晰《めいせき》な頭脳を授かったのだ。

人類が地球上で2位以下の生物に大差をつけて異様に優れた頭脳を授かったのは、神はそれを活かして人類が幸せになるように創造したからである。

あなたとはダス・マンとしてではなく、ダーザインとしていつかどこかで出逢いたい。

22

勝ちパターンは、常に微調整しながら軌道修正せよ。

「強み」の項でも言及したが、勝ちパターンも常に微調整が不可欠である。その理由は、時代とともに勝ちパターンが変化していくからだ。

たとえば、受験勉強を例にすれば、今から30年以上前の勝ちパターンと、現在の勝ちパターンとではまるで違う。

これはある離島で育った人物から直接聞いた話だが、その離島では小さな書店が一つしかなく、そこには各教科の参考書がいずれも1種類しか置いていなかったという。

仕方がないからその島の受験生はその参考書を1冊隅々まで完璧に暗記していた。

だがその島の難関国立大学合格率は桁違いに高く、大学入学後も成績が伸びる人が多いという話だった（本人も東大理科I類に現役合格を果たしていた）。

ここで私は受験のマル秘テクニックをあなたに語るつもりはない。

要は、昔の受験生は参考書の種類が限られていたから、何を使うかよりそれを理解する読解力こそが重要であり、地頭《じあたま》の違いがそのまま学力差として露呈《ろてい》しやすかったのだ。

それに比べると、現在は参考書の種類も桁違いに増えて、さらにビジュアル的にも極めて理解しやすく進化を遂げている。

さらに動画による授業で地頭の良い人はどんどん先取り学習できるし、地頭の悪い人は何度でも理解できるまで同じ授業を繰り返し視聴できるようになった。

まさに勝ちパターンが変わった上に、増えもしたのだ。

しかし、それでも現場の予備校講師たちは、異口同音にこう述べる。

「最近の東大生は地頭がとても悪くなっている。20年前や30年前だったらこういう問題が解けないようでは、絶対に東大に合格できないという暗黙の基準があったのに、その基準を満たさない学力の生徒が次々に東大に合格するようになった」

ここから何が言えるのか。

「昔はこうだった……」という感傷に浸《ひた》るのではなく、今の時代に合わせて恵まれた環境を使い倒すのが大事ということだ。

かつては地頭が悪ければそれで勝負は決していたが、今は頭が悪ければそれで結構、動画でも講義型参考書でも音声学習でも何でも利用できるのだ。

そしてもちろん、これは受験だけの話ではない。

今後ますます才能不足を補うためのツールが登場するから、そのツールを積極的に活かせる才能があればいいのだ。

あなたの勝ちパターンは、あなたが棺桶《かんおけ》に入るまでひたすら文明の利器《りき》で微調整しよう。

23

「面倒臭いこと」「嫌なこと」は、一切やらなくてもいい仕組みを創れ。

あなたの勝ちパターンが成功に繋《つな》がってくると、こんな事実に気づかされる。

「面倒臭いことって、もうやらなくてもいいのでは？」

「嫌なことって、もう避けてもいいのでは？」

ようこそ、まさにそれが成功者の世界のスタンダードだ。

面倒臭いことや嫌なことは断じてやらない。

嫌な人が近づいてこないような環境を構築する。

それが成功の証《あかし》なのだ。

成功とは贅沢《ぜいたく》三昧の人生が満喫できることではなく、不快を徹底排除できることなのである。


あなたの収入が増えてどんなに贅沢三昧の人生を送ろうが、不快な人間と毎日会ったり不快なことをやったりしなければならないなら、そんなのは成功ではない。

なぜ大富豪が専属運転手を雇うのか。

それは自分の権力をこれ見よがしにしたいからではなく、不快を排除したいからだ。

電車やバスで移動するとかなりの確率で不快な人に遭遇《そうぐう》するし、タクシーを利用すると不快な運転手に遭遇する可能性もある。

ハイヤーを利用すれば多少不快さは減るだろうが、それでもゼロではない。

そうなると不快さを極限までゼロにするためには、自分と気心の知れた運転手を専属で雇うほうが人生トータルでは安いと判断するのだ。

これは彼らがお手伝いやシェフを雇うのも同じだ。

安く済ませようとアウトソースするとハズレの家政婦がやって来ることも多々あるし、高級レストランでも不快なスタッフは必ず1人や2人はいるものだ。

そういう不快さというのは、人生で一度でも少ないほうが幸せだ。

現在の私は自分〝ならでは〟の勝ちパターンの総仕上げとして、都内のタワーマンションに書斎を構えて不快を徹底排除することに成功した。

私が幸せを感じるのは安眠を妨害しない環境、下品なセールスが訪問してこない環境、誰にも邪魔されず独り静かに思索できる環境である。

「面倒臭いこと」「嫌なこと」を徹底排除してからもう随分と月日が経つ。

逆に旅先などで「面倒臭いこと」「嫌なこと」に遭遇すると、「懐かしい」としみじみとしてしまうくらいだ。

自由とは恣意《しい》的に強制されないことであり、平和とは戦争がない状態のことである。

究極の「型」とは、メンタルコストのかかる連中を一掃すること。

ここではあなたの人生を台無しにする最大の存在を確認しておこう。

それはお金がないことではなく、おいしいものを食べられないことでもなく、あるいはあなたの体重が気になることでもない。

あなたの人生を台無しにするのは、「嫌いな人間があなたの視界に入ること」である。

嫌いな人間がこの世に棲息《せいそく》し、しかもあなたの視界に入り込んでくるほどの不愉快極まりないシーンは人生にないはずだ。

別に他人に言う必要はないから、あなたの心の中だけで本音を確認すればいい。

実はこの世の中から嫌いな人間を一掃《いっそう》すること、つまりメンタルコストのかかる連中を目に見えない場所に押し込めることが、あなたにとって究極の「型」なのだ。


たとえば、サラリーマンでも出世さえすればこれは実現可能だ。

社長室をオフィスの一番奥に構えて、もしあなたの嫌いな人間が訪問してきたら秘書に軽くあしらってもらえばいい。

あるいはどうしても取引をしなければならない相手なら、一貫してメールのやり取りで済ませればいい。

「そこを何とか会ってください」と食い下がってきた時点で、人間関係をぶった切ればいいのだ。


それまでは嫌いな人間だからこそ、もらえるものはもらっておくことだ。

これは嫌いな人間に対する一つの復讐《ふくしゅう》法でもある。

私はサラリーマン時代のラスト5年間は毎月2日しか出社していなかったが、理由は簡単である。

当時からメンタルコストを非常に重視し、寿命の無駄遣いをしたくなかったからである。

だがそれでも毎月2日の全社会議と経営執行会議の参加は義務付けられており、そこでダス・マンたちが寄ってきて長時間にわたり相談や雑談を強《し》いられた。

そういうくだらない連中と同じ空間で呼吸する寿命の無駄遣いが苦痛になってきて、「よく考えたら俺、もうこんなことしなくてもいいな」と気づいて独立したわけである。

思えば、サラリーマン時代のラスト5年間は99％のメンタルコストを排除していた。

だが私は99％では満足できなかったのだ。

100％のメンタルコストを排除して、初めて本当の成功というものを垣間見た。

それは3000人以上のエグゼクティブたちが異口同音に教えてくれた世界だった。

自分〝ならでは〟の
「型」を創ったら、勝ち。

Chapter. 3 Key Word

Chapter. 4

自己演出力をつけよ。

25

「こう見られたい！」という幻想は、捨てろ。

ある著名自己啓発書作家が話していたが、ここ最近は「先生」と呼ばれたい人が激増しているという。

しかし、肝心な「何で先生になるのか（何をして、何のために、成功を求めるのか）」が決まっていないということだ。

これは私自身も大学時代に痛感していた。

周囲の様々な大学生と交流しているうちに、ランクの低い大学に通う人間ほど、「先生」と呼ばれることに対して、常軌《じょうき》を逸《いっ》するほど憧れている事実に気づかされたのだ。

その理由を突き詰めていくと、彼らは物心ついてからずっと落ちこぼれだったために、せめて社会人になってからは人の上に立ちたいという願望だけで動いていることがわかった。

ところが彼らは、具体的に「何の先生になるのか」「どんな価値を世の中に提供したいのか」は決まっておらず、結局就職活動では、インスタントに名声を得られそうな偏差値の高い大企業を回っては軒並み門前払いだった。

彼らが最後に辿り着いたのはベンチャー企業という名のブラック企業か、名前を出せばお手軽に猫騙《ねこだま》しができる高級ブランドショップの店員やシティホテルのスタッフだと相場は決まっていた（すぐにバレてもいいから一瞬だけでも一目置かれたいのだ）。


こうして本を書くからには真実をお伝えするが、彼らは全員貧《まず》しいままで終わっている。

私は、あなたにはそんな人生を歩んでもらいたくない。

彼らを反面教師とするのであれば、「こう見られたい！」という幻想《げんそう》を捨てるべきだ。

実は私も予備校講師を目指していた時期もあり、某大手予備校から内定をもらった。

もちろん「先生」と呼ばれるためではない。

将来本を書いて生きていくために、予備校講師でカリスマになって参考書を執筆して突破口を開こうと目論《もくろ》んでいたからだ。

当時すでに自己啓発書やビジネス書には、野球の世界なら〝王《おう》・長嶋《ながしま》クラス〟の絶対的なカリスマがいて、彼らはいずれも早稲田・慶應から大手広告代理店・大手総合商社という経歴で確固たる地位を築いていた（一般に東大より早慶のほうが大衆の共感を生みやすい）。

そこに割り込むのはもはや不可能であり、序列マップに入らぬ別世界を狙ったのだ。

ところが当時は予備校講師が社会的に認められておらず、転職組ならまだしも新卒組で入社を希望する大学生は極めてランクの低い大学生ばかりだった。

すると、周囲は「こう見られたい！」人間の巣窟《そうくつ》だったのだ。

内定式では理屈を超越して生理的に耐え切れず、中座して帰ってきてしまった。

「こう見られたい！」という幻想だけに溺《おぼ》れるのは、無能人間の証である。

26

エリートコースを目指すなら、早慶旧帝大未満は学歴を出さない。

あまり語られることはないが、すでにインターネットなどで情報が漏《も》れ始めているから私も一次情報を公開しよう。

金融機関で高額の融資を受けたり高級賃貸マンションで審査に通ったりするためには、何が決定打になるだろうか。

それは「学歴」と、グンと離れて「職歴」である。

こういうのは窓口のスタッフだとか不動産販売会社の営業マンでさえ知らない連中も多いから、ひょっとしたらあなたも「学歴」の根深さを本当の意味ではわかっていないかもしれない。

何を隠そう、私が脱サラ後に様々な厳しい審査をすべてスルッと通過したのは、先の二つの条件が満たされていたからだ。

それ以外はどれも些細《ささい》なことである。

当時の歩合《ぶあい》制だった担当営業マンはそんな真実を知らないから、「千田さんのブログが面白いから通りましたよ！　こんなの初めてです」と連呼していたが、その時点で私は「こいつ、アカン。真正のアホや」と確信した。

別に悪い人間ではないが、ランクの低い人間には真実が知らされないという好例である。


日本に限らず世界には明確な人間の序列が存在する。そしてそれらはすべて「学歴」を基準にしている。


アメリカでは〝アイビーリーグ〟と呼ばれる大学群は絶大なブランド力を誇り、これらの大学・大学院を卒業したら初任給もべらぼうに高いし、就職できないことはまずあり得ない。

フランスでは〝グランゼコール〟と呼ばれる高等職業訓練学校がいくつかあり、これらの教育機関を卒業していなければリーダーとして認められない風潮がある。

日本では明治以降に欧米の列強各国に植民地化されないようにと、慌《あわ》てて帝國《ていこく》大学群が設立されて、それらが圧倒的な地位を築いてきた（現在も国の予算配分で本音がわかる）。

元外交官で海外事情に精通していた初代文部大臣の森有礼《もりありのり》が、「国民をもっと教育して賢くしなければ、日本は確実に欧米の植民地になる」と洞察したからである。

戦前は単なる専門学校や塾扱いされていた早稲田と慶應も、戦後の高度経済成長後には一流大学に加えられるようになり、アイビーリーグやグランゼコールのように我が国のエリートを輩出《はいしゅつ》するようになった次第である。

こういう歴史は根強く、誰も口にはしないが、水準以上の人なら全員知っている。

「今時学歴なんて」という声もあるが、結局信用を得るには学歴が一番早い。
早慶旧帝大未満だと誰もエリートとは見なさない。
もしそれら未満でエリートを名乗りたければ、学歴を伏《ふ》せるのが無難である。

27

雑草コースを目指すなら、誰もが認める本物の実績を叩き出せ。

エリートコースで成功できなくても、雑草コースで成功する方法ならある。

というよりもハッキリ言ってしまうと、エリートじゃないのに成功したければ、もはや雑草コースで成功するしかない。

ここだけの話、エリートコースで成功するよりも雑草コースで成功するほうが桁違いに簡単だし、その上さらに儲《もう》かることが多い。

なぜならエリートというのは頭を使うのが好きなために、高度なビジネスを展開したがる連中が多いからである。

コンサル時代に私は、そういうプライドが高くて緻密《ちみつ》な戦略に基づいて経営しなければ気が済まないエリート経営者と一緒に仕事をさせてもらったが、頭の良さが仇《あだ》となりそのまま倒産してしまう会社がとても多かった。

私の師匠《ししょう》の一人であるエンジェル投資家も、西日本の某旧帝大を優秀な成績で卒業後に外資系コンサルティング会社を経て独立した3人組に、5000万円を出資したが、その3人組は半年で全部使い切って会社は倒産していた。

半年後に彼らは泣く泣く師匠に頭を下げて、「先生、もう5000万お願いしますわ」と関西弁で懇願していたが秒速で契約は打ち切られた。

エリートには成功する人も多いが、絵に描いた餅で終わってしまう人はそれ以上に多い。

それに対して雑草コースの成功者たちは、自分の頭が良いなどとは微塵《みじん》も思っておらず、もともと複雑なことをしようという発想自体がない。

多くの場合は衣食住に関連する仕事をスタートする。

衣食住に関連する仕事は、人類が続く限りこの世からなくなることはまずないだろうし、参加するハードルが極めて低いからである。

彼らが独立した理由は単純で、低学歴でまともな就職先がなかったからだとか、もっとお金が欲しかったからという極めて単純な動機である。

成功するためにはそういう素直さが極めて重要であり、バカは利口《りこう》ぶるべきではない。

バカが利口ぶっても周囲には100%バレており、せっかく成功しても単なる痛々しい成功者で終わってしまうのだ。

それよりはバカだと受容して、堂々と雑草コースで成功を目指したほうが人生は美しい。健康食品販売、アミューズメント、リサイクル、太陽光……これらは雑草コースの鑑《かがみ》だ。

いずれも桁違いの成功者を複数輩出しており、希望の光も見えてくるはずだ。

28

カリスマの名前は、かっこいい。

アニメや映画の世界だけではなく、カリスマはもともと名前がかっこいい。

歴史に名を残す人物や世界の大統領やリーダーたちを思い出してもらいたい。

誰もが最初からカリスマになることが決まっていたかのような、粋《いき》な名前ばかりである。


もしあなたが「今まで誰にも言わなかったけれど、自分の名前はダサいな」と思うなら、インパクトのあるものに改名したり、ペンネームを使ったりしてもいいだろう。


実際に小説家にはペンネームを使って成功した人も多い。

夏目《なつめ》金之助《きんのすけ》は、夏目漱石《そうせき》として売り出して成功した。

森《もり》林太郎《りんたろう》は、森鷗外《おうがい》として売り出して成功した。

津島《つしま》修治《しゅうじ》は、太宰《だざい》治《おさむ》として売り出して成功した。

平岡《ひらおか》公威《きみたけ》は、三島《みしま》由紀夫《ゆきお》として売り出して成功した。

また、人もそうだが、ビジネスでは商品のネーミングで売上が大きく左右される。
「モイスチャーティシュ」は「鼻セレブ」に、「缶入り煎茶《せんちゃ》」は「お〜い、お茶」に、「三陰交《さんいんこう》をあたためる」は「まるでこたつソックス」でそれぞれ売り上げを伸ばした。

出版の世界でもこれは同じだ。

これまでからきし売れなかった本を、タイトルとカバーを変えて復刻版を出したらベストセラーになるという例もある。

もちろんネーミングだけでは成功できない。

特に長期的に成功したければ、絶対に実力が不可欠である。

だがあなたに憶えておいてもらいたいのは、あなたにどんなに実力があったとしても、ネーミングが悪ければ存在すら知られずに終わることのほうが多いという現実だ。

今回初めて告白するが、私の書斎に送られてくる新人著者の本の中には後退《あとずさ》りするほど素晴らしい内容のものがある。

だが残念なことに本のタイトルが下手だったり、カバーデザインがダサかったりして、これでは絶対に売れないと瞬時にわかるのだ（文字通り才能を殺している）。

内容が一番大切なのは言うまでもない。

しかし、それ以前にネーミングや包装紙が、商品を台無しにしていることは本当に多い。

あなたという存在も、名前がダサければもうそれだけで出世することはないだろう。

29

カリスマには、ホラ吹きが多い。

嘘とホラは違う。

嘘は真実がゼロだけど、ホラには真実が1%以上含まれている。

極論すると、ホラとは1%の真実を膨《ふく》らませることである。


私はコンサル時代に様々なカリスマと出逢ってきたが、彼らは嘘つきではなかったが、ほぼ全員がホラ吹きだった。


「よくそんなに話を盛るなぁ……」「大丈夫か？」と冷や冷やしたものだ。

ところが彼らは驚くべきことに、吹いたホラを現実にしてしまうのだった。

現在カリスマ経営者として名高い某成功者も、創業間もない頃はミカン箱の上に乗って従業員たちの前で「将来は1兆円企業にするぞー」と叫び、ドン引きした従業員たちは根こそぎ辞めてしまったという。

現在その経営者のグループは、1兆円どころか年商10兆円に迫る勢いの世界的企業へと成長を遂げている。

企業経営に限らずあらゆる業界のカリスマたちは、大風呂敷を広げる人が多い。

だがその他大勢の人だって大風呂敷を広げる人はとても多いはずだ。

では、なぜ彼らがカリスマになれるかと言えば、何回かに一度の割合でホラを現実にしてしまうことがあるからだ。

たとえ10回のホラのうち1回の実現率だとしても、「あの人はいざとなったらやる人」という畏怖《いふ》の念を抱かれるのだ。

織田信長《おだのぶなが》の出世を決めたと言われる「桶狭間《おけはざま》の戦い」も、あの一度の奇跡がもたらした影響はとても大きい。

信長は結構負け戦も多いのだが、長篠《ながしの》の戦いのように決めるべき節目はきちんと決めた。

だからこそ部下もついてくるのであり、カリスマであり続けることができたのだ。

カリスマたちに倣《なら》ってこれまで私もホラを吹いてきたが、相手・場所・時を読みながらちょうどいい塩梅《あんばい》を把握しておく必要があるだろう。

現実問題として相手や職場、タイミングによってはホラが許されないこともある。

ただしあなたが実力を蓄えてそれなりの実績があるとか、本当に自信があるのであればホラを吹くのは効果的だ。

平均打率が3割を超えれば、間違いなくあなたは周囲に一目置かれる存在になる。

ホラを吹いて、それを現実にするために実力をつければそのホラは正解だと私は思う。

30

「謙虚になりなさい」は、「成長せずに永遠に私の支配下にいなさい」ということ。

あなたは何かで上手く行った時に、身近な人から「調子に乗らないで謙虚《けんきょ》になりなさい」と言われたことはないだろうか。

一般には母親がよく言うセリフである。

なぜ彼らはあなたが成功すると「謙虚になりなさい」と言いたくなるのか。

その理由は宇宙でたった一つしか存在しない。

これまた爆弾発言になるが、母親も含めて彼らはあなたに成長してもらいたくないからである（謙虚さというのは自分で世間からボコボコにされながら習得するものだ）。

ずっと自分の支配下に置いておきたいから、彼らは「謙虚になりなさい」という便利な言葉であなたが成長しないように洗脳し続けるのだ。

もちろん「謙虚になりなさい」と洗脳してくる連中に悪気はない。

それどころか自分は愛情深いとか、親や上司として立派な助言をしたと悦に入っているくらいだ（そんな自分たちこそが傲慢《ごうまん》ではないかと省《かえり》みる知性も感性もない）。

だがよく考えてもらいたい。

本当に謙虚にならなければならないのは、「謙虚になりなさい」と連呼している彼らのほうなのだ。

自分たちは同じレベルに留まって惰眠《だみん》を貪《むさぼ》っているくせに、自分たちを超えようとする成功者に向かって「謙虚になりなさい」と足を引っ張るのだから。

いかがだろうか。

身の程を弁えずに「謙虚になりなさい」と洗脳して、成功者が村社会から脱出するのを妨げる連中の浅はかな手段が理解できたのではないだろうか。

ハッキリ言って、こういうあなたの身近にいる偽善者たちこそが、あなたの成功をあの手この手で一番遠ざける無意識の凶悪犯なのである。

あの野口英世《のぐちひでよ》が故郷を捨てたように、いざとなったらあなたも故郷を捨てるべきである。

もしあなたが本当に成功して世に出るのであれば、故郷に残した両親や兄弟姉妹は必ずあなたを理解できる時がくる（この世では無理でも、きっとあの世では理解できるはずだ）。

たとえそれまでに家族が崩壊したとしても、もしあなたが本物の成功者を目指すのであれば、人類という家族を優先すべきだからそれが自然の摂理に則《のっと》っているのだ。

以上は本物の成功者であれば一瞬で理解できるが、そうでない人は永遠に理解できない。

「こんなことを書いていた変なヤツがいたな」と憶えておいてもらえれば、それでいい。

31

満足は100%、感動は101%。

あなたが成功し続けるためには、常に相手を感動させることを意識しなければならない。

満足とは相手の期待を満たすことで、期待のコップを１００％にすることだ。

それに対して感動は相手の期待を超えることで、期待のコップを１０１％にしてスッと一筋だけ溢れさせることだ。

この１％の違いが、あなたの人生を大きく変えることになる。

たとえば私は出版デビューしてからこうして合計１６０冊以上の本を出し続けてきたが、これは常に１０１％を目指し続けてきたからである。

本書を読んでいる人は何かの分野でプロを目指しているか、すでにプロとして活躍している人が多いと思うのでありのままの真実を述べよう。

私が期待を超えなければならないのは、読者に対してではない。

編集者の期待を超えなければならないのだ。

なぜなら私に執筆依頼をしてくるのは読者ではなく、編集者だからである。

もちろん読者が間接的に読書カードやファンレターなどを通して、編集者に執筆依頼をさせるように仕向けることも多々あるだろう。

だが直接私に依頼してくるのは常に編集者であり、最初に原稿を読むのも編集者なのだ。

そういうわけだから私は編集者の期待を超えて、感動させることで本を出し続けられる。

結果としてそれが読者を感動させて、「もっと読みたい」「別の本を書いてもらいたい」という声が編集者や私に届くのである。

すでにお気づきのように、これが私の勝ちパターンだ。

大切なのは大感動を狙って、最初から200%や300%を目指してはいないという点だ。

いい方向に期待を裏切って、大感動レベルの作品を書けることはあるかもしれないが、私は最初からそれを期待することはない。

常に私の目標は101%であり、愚直に、地味に、淡々と執筆するのみである。

毎回101%を目指していれば、複利で成長すれば10冊後には約1・1倍、50冊後には約1・6倍、100冊後には約2・7倍の成長を遂げられる。

言うまでもなくこれは机上の空論である。

しかし最初から200%や300%を狙うよりも現実的であり、毎回1%であれば誰でもその気になればできそうだし、実際にできるのだ。

さあ、次はあなたの番である。

32

称賛から批判に変わると、あなたもカリスマの仲間入り。

本書を読むほど勉強熱心なあなたは、そうでない人よりも成功する可能性は高い。

だからこそ、今から知っておいてもらいたいこの世の法則がある。

それは、成功の一発目には身近な人から称賛を浴びるということだ。

きっとあなたは心の底から「皆様のお陰でございます」とお礼を言いたくなるだろうし、性善説を信じて疑わないはずだ。

職業作家でもこれは同じで、処女作を出した時には、親や親戚《しんせき》一同、さらには昔の同僚も祝福して1人で何冊も購入してくれることが多いと聞く。

ところが成功が何発も続いて、あなたが正真正銘の成功者としてこれまでのステージを飛び出す段階になると、途端に批判されるのだ。

すでに述べたように一番身近な存在や信じていた友人までもが、「謙虚になりなさい」「調子に乗らないほうがいい」と一斉に善人ぶってアドバイスをしてくる。

それらを翻訳すると、「私たちを見捨てないで!」という意味である。

これ以外の翻訳はすべて誤りである。

職業作家だと自分の作品をプレゼントするたびに、「今回の作品はイマイチだったよ」「誤字脱字が多い」「もっと好かれるように」という的外れな感想が届くと聞く。

この時点で過半数の成功者たちは、心が折れて元の村社会に戻ってしまう。

特に女性の成功者にはこれが多く、私はそれが残念でならない。

まるで自分事のように悔しくなる。

あなたが将来本気で成功を目指すのであれば、そして「自分の名前」で勝負したいのであれば、身近な人たちの称賛が批判になることを、断じて恐れるべきではない。

そこで元の村社会に戻って醜く群がってしまっては、あなたという偉大な才能を授けてくれた神に対する冒瀆《ぼうとく》以外の何物でもない。

才能を授かった存在である選ばれしあなたは毅然《きぜん》としてそれらの批判を無視し、

醜い村社会に別れを告げるべきである。

数十年後にあなたに捨てられた醜い村社会は、さらに醜く退化していることだろう。

だがあなたは断じて振り返るべきではないし、救いの手を差し伸べるべきではない。

醜い村社会と絶縁したあなたは、世界や業界の歴史に名前を刻む存在になるのだ。

以上の話がストンと理解できた人は、間違いなく選ばれし者である。

逆に「納得できません」と踏ん張った人は、今回はご縁がなかったと思って諦《あきら》めよう。

「謙虚になりなさい」と洗脳して抑え込む連中からは、距離を置こう。

Chapter. 4 Key Word

Chapter. 5

成功に偶然はない。

Chapter.5 成功に偶然はない。

33

一発屋は運、コンスタントに塁に出る人は実力。

最初にお断りしておくが、一発屋というのは成功ではない。

なぜなら、成功とは継続することだからである。

一発当てるというのは単なる運だから、あとが続かない。

そう考えると一発屋は運が良いのではなく、運が悪いと考えるのが妥当《だとう》である。

芸能人だけではなくあなたの周囲にいた一発屋のその後を、虚心坦懐《きょしんたんかい》に見てみればいい。

ほぼ確実に不幸になっているはずだ。

それは一生分の運気をそこで使い果たしてしまったという運命学者的な教えもあるが、私の解釈では準備もできていないのに幸運をキャッチしてしまったため、それを活かすこともなく終わってしまったというものだ。

だからこそ一発当てた反動で、元の実力が露呈すると世間がそれを許さないのだ。

私の周囲には宝くじに1千万円以上当てた人、大学受験で超幸運に恵まれて奇跡的な合格を果たした人、保険の外交員で期日開始わずか数分間に億単位の契約をまとめた人……などの一発屋が複数いるが、いずれも再起不能なほど不幸になっている。

彼らは幸運ではなく、不運だったと一点の曇りもなく私は確信している。

運が悪いからこそ一度天国と見せかけて上まで引っ張り上げられて、ドスン！と地面に叩きつけられたのだ。

これ以上の地獄はないだろう。

私は大学時代の読書を通じて以上を完璧に予習していたため、絶対に一発屋にはなってはいけないと常軌を逸するほどに注意を払って生きてきた。

本物の成功とはコンスタントに塁《るい》に出ることであり、セールスの世界ならばコツコツと大切に小さな契約を交わし続けることである。

野球選手もホームランは一本も打てなくてもいいから、打率3割以上をキープしていれば一流選手の仲間入りである。

これは職業作家の世界でも同じであり、10年に一度渾身《こんしん》の大ベストセラーを狙うよりは増刷率が高かったり、毎回黒字になったりするほうが何十年と長続きしているものだ。

もちろん私も淡々と継続している職業作家たちを手本としている。

最後に念を押しておくが、成功とは一発花火を打ち上げることではない。

線香花火のように、静かに燃え続けることが真の成功である。

34

苦しんで努力した人は、成功が続かない。

成功には努力が必要だが、努力には大きく分けて2種類ある。
苦しい努力と苦しくない努力だ。

苦しい努力とは「あと×時間勉強しないといけないな」「あと△分だけ我慢しよう」と感じる努力である。

率直に申し上げて、こういう苦しい努力は報われない可能性が高く、何かの間違いで成功してもその成功は続かない。

なぜなら全身の細胞が、「あなたはこの道で成功するために生まれてきたのではない」と反発するからである。

多くの場合は急逝《きゅうせい》するか、大幅に寿命が縮められるような大病《たいびょう》に侵《おか》される、というのが私の実感である。

一方、苦しくない努力とは「もうこんな時間になっちゃった」「本当はもっとやりたいけど、明日の楽しみにしておこう」と感じる努力である。

率直に申し上げて、こういう苦しくない努力は報われる可能性が高く、成功しても長続きするだろう。

なぜなら全身の細胞が、「よくぞあなたの成功の道を探し当てた！　あとはこの道で生涯を楽しく過ごしなさい」と応援してくれるからである。

多くの場合は長寿を全《まっと》うするか、清々しい老衰《ろうすい》で人生を終える、というのが私の実感である。

翻《ひるがえ》って、あなたはどうだろうか。

ひょっとしたら、現在のあなたは苦しい努力をしてはいないだろうか。

苦しい努力というのは間違いなく自然の摂理に反しているから、あなただけではなく周囲にも不幸を撒《ま》き散《ち》らすはずだ。

その証拠にこういう苦しい努力家たちが、連日犯罪や迷惑行為でニュースを賑《にぎ》わせているのだ。

もちろんあなたは犯罪者にはならないだろう。

だが苦しい努力をし続けると、人生を負のスパイラルに突入させてしまうというのは、ほぼ間違いのないことである。

独立後の私は苦しい努力とは絶縁し続けてきたが、そのたびにますます私の人生は正のスパイラルを上昇し続けている。

毎日「もうこんな時間になっちゃった」「本当はもっとやりたいけど、明日の楽しみにしておこう」ということだけで人生を埋め尽くしている。

35

目標設定より、今この瞬間を最高に生き切るほうが大切。

目標を立てるのは素晴らしいことだ、と学校では教わった。

だが、あなたの周囲で目標を立てて上手く行った人は、意外に少ないのではないだろうか。

そもそも目標を立てろと言う学校の先生が、目標を立てて何かを成し遂げたとは言い難《がた》い。

生まれてから学校しか知らないわけで、むしろ何も成し遂げられなかった人たちが、学校の先生になっているのではないか。

ここだけの話、教員養成系大学や地方大学の教員養成学部にしか入学できなかったというのは、人生で一度も難関を突破したことがない証拠でもある（人間性は否定していない）。

こういう話は普通しないものだが、現実にはほぼ全員が裏で交わしている話であり、ここであえて隠す必要もないだろう（真の問題解決には建前《たてまえ》ではなく本音が大事だ）。

物事はそれを誰が言ったのか、誰にやらされたのか、これが非常に重要なのだ。

目標設定の重要性を唱《とな》えている本人が、難関を突破していないのであれば説得力がないではないか。

一方、私がこれまでに出逢ってきた長期的な成功者たちは、明確な目標設定をしていなかった。

私にしても高校受験や大学受験で目標設定は一切しなかった。

「この高校に入れなければ人生はおしまいだ」と考えたことは一度もないし、「絶対に行きたい大学」なんて一つもなかった（これは今でもない）。

就職活動も同じだった。

「最低でもこのくらいの会社に入らないと恥ずかしい」と考えたことは一度もないし、「絶対に入りたい会社」なんて一つもなかった（これは今でもない）。

いつも今この瞬間を最高に生きることだけを真剣に考え続け、そして行動してきた。

今に全力を懸けずに目標ばかりを立てていては、その目標は机上の空論になる。

もちろんその都度、夢はあった。

ただしそれは非常にぼんやりとしたものであり、「将来こうなれたらいいなあ……」とか「俺ならきっとなれるはず……」という感じだ。

これは他の人と同じか、もしくは大差ないのではないだろうか。

だが今できることを一生懸命やるのは好きであり、将来よりも今この瞬間を充実させることに幸せを感じていた。

その積み重ねがたまたま夢に近づくこともあれば、途中で夢が変わることもあった。

旅先で彷徨《さまよ》って予定とは全然違うコースになったけど、それはそれで楽しかったというのと似ている（負け惜しみではなく、本当にこのコースで幸せだったということは多い）。

現在の文筆業もその都度その都度、「今」を真剣に生きてきた結果だと確信している。

そして私は現在も、今この瞬間を一番大切に生きている。

36

厳しい現実を受容できた人が、成功しやすい。

哲学の世界には「実存」というキーワードが頻繁に登場する。

実存とは「現実存在」の略であり、地に足のついた現実の存在から目を背けないようにしようという姿勢である。

実存主義以前の哲学は、真理や理念をひたすら考え続けるものだったが、「そんなことをだらだらと考え続けるよりも、今我々が生きているこの現実を直視して幸せをつかもうよ」というのが、実存主義の出発点だった。

そう考えると実存とは、まさに人間そのものであることに気づかされるだろう。

人間こそが現実に存在するものであり、地に足のついた現実そのものだからである。

私の本には「現実を受容せよ」という表現が頻繁に登場するが、もちろんこれは実存に由来している。

厳しい事実を受容しようとすると、多くの人たちは最初にショックを受けるだろう。

そしてショックを受けたあとは、突如大きな虚《むな》しさに襲《おそ》われると思う。

だがその虚しさに襲われたままで終わってはいけない。

虚しさの中にあなたが生き甲斐《がい》を創るのだ。

そしてその生き甲斐を創るために、私たちはこの世に送り出されたのである。

私は幼少の頃から、たびたび大きな虚しさに襲われ続けてきた。

当時は何か脳の障害でもあるのではないかと真剣に悩んでいたが、私が成長するにつれて、次第にそれが何なのかがわかってきた。

現実を受容することで、「……でも今の自分にできることをするしかないじゃないか！」という開き直りのような、途轍もないパワーが体の芯から湧き上がってきたのだ。

現実を受容するのは確かに辛《つら》くて虚しかったが、今のこの瞬間に自分が成すべきことを成すしかないという結論に辿り着き、そのたびに大きなエネルギーをもらってきた。

20歳を超えた頃にはもう辛さや虚しさをスルーして、スッと現実を受容できていた。

そして次の瞬間には、私の全身にエネルギーが漲《みなぎ》っていた。

私がこれまでに出逢ってきた長期的な成功者たちも、厳しい現実を受容するのが極めて得意な人ばかりだった。

しかも有能であればあるほど、そのスピードは速く、冷静沈着に対応していた。

いかなる最悪の状況に陥っても、ありのままの現実が受容できる人なら何事も上手くいくのである。

あなたを依怙贔屓してくれる成功者を洞察せよ。

依怙贔屓《えこひいき》と聞くと、ほとんどの人は悪いイメージがあるだろう。

だが、依怙贔屓なしでは誰もが成功できない。

これは本当の話だ。

もし「私は依怙贔屓なんてしてもらったことはない」と主張する人がいれば、その人はかなりの鈍感《どんかん》でこれまでの人生でろくに感謝したこともない人だろう。

私がこれまでに出逢ってきた長期的な成功者たちは、自分の成功要因を振り返ると必ず異口同音に「依怙贔屓」を挙げたものだ。

表現の仕方は人によってバラバラだったが、要は権力者に「引っ張り上げてもらった」ことが共通の勝因だと述べていたのだ。

こういう話を聞くたびに、私は自分の人生を振り返ってオーバーラップさせた。思えば、私も物心ついてからずっと誰かに引っ張り上げてもらうことの連続だった。

あなたも依怙贔屓を受けたと感じた時には、どんな人に、どんなふうに、引っ

張り上げてもらったのかを記録に残しておくと良い。

私も引っ張り上げてくれた人の顔と名前を思い出して、全員並べてみたこともあったが、どことなく全員が似ている感じがした。共通点が見えてくるのだ。

そこで過去に私を引っ張り上げてくれた人を帰納《きのう》した人物像を、今度は日常で演繹《えんえき》的に当てはめてみた。

すると、自分を引っ張り上げてくれる人との出逢いのヒット率が、飛躍的に上がったのだ。

注意としては、あなたを依怙贔屓してくれる人というのは、あなたに見返りを期待しないことがポイントだ。

ここが非常に重要なのだが、見返りを期待する相手は依怙贔屓してくれる相手ではない。むしろあなたを利用しようとしている〝関わってはいけない相手〟である。

私もしばしばこうした〝関わってはいけない相手〟と関わりかけたが、私は一切恩返しをしなかったので難を逃れた（ダメな相手にはちゃんと嫌われることも大切）。

誤解しないでもらいたいが、私はビジネスでは必ず恩返しをする。

なぜならビジネスには必ず根底に“give & take”の精神がなければならず、それ以外の関係は決して長続きしないからだ。

だが、依怙贔屓の相手はビジネスの相手とはまるで違う。何の義理もないはずなのに、一方的にあなたを依怙贔屓して尽くしてくれる相手なのだ。

その出逢いは20代半ばまでがピークであり、30代前半には賞味期限はほぼ切れる。

これは引っ張り上げてくれる理由が、概して「自分の若い頃に似ている」「死んだ息子に似ている」といったものが多いからだ。

ちなみに依怙贔屓の恩返しは、本人に直接しなくて大丈夫である。

あなたが成功してから、別の若者にすればいいのだ。

いかなる手を使ってでも、成功の扉をこじ開けよ。

あなたが成功しかけると、必ずそれを妨げようとする連中が現われる。

それも身近な人に多いから厄介だ。

「どうしてこれまで応援してくれていたのに、そんなことをするの？」

純粋無垢《むく》なあなたは、そう不思議に思うに違いない。

その理由をきちんと私が説明しよう。

彼らは、もっと前からあなたが成功するのではないかとビクビクしていた。

彼らと違ってあなたが〝只者《ただもの》〟ではないことを、動物的本能ですでに察知していたのだ。

彼らが恐れていた通り、あなたは成功し始めた。

それでも彼らはギリギリの体面を保つために、あなたを応援するポーズをしていた。

もちろん彼らの本心は、腸《はらわた》が煮えくり返る思いである。

ところがついにあなたは成功の扉をこじ開けようとするところまで到達してし

まった。

その扉を開けられたら、もはやあなたは彼らと同じ空間で呼吸できるレベルの人間ではなくなる。

モデルを目指している同期の女性の中から、あなただけがスーパーモデルに抜《ばっ》擢《てき》されるイメージだ。

同期の女性たちが心の底からあなたを祝福できるはずがない……。

モデルの世界に限らず、あらゆる分野においてそれと同じ現象が起こっているのだ。

もしあなたが今後、「あ、これはまさに自分がされていることだ」と直感したら、私からのアドバイスは一つである。

「いかなる手を使ってでも、成功の扉をこじ開けよ」

何が何でも扉をこじ開けなければ、あなたに二度と成功のチャンスは巡ってこない。

しかもあなたが成功の扉をこじ開けなかった場合には、足を引っ張った連中はあなたを「ヘタレ」と揶揄《やゆ》しながら一生蔑《さげす》み続けるだろう。


自然界の弱肉強食とはそういうものである。

弱者というのは、強者が自分たちの批判によって自分たちの位置まで落ちぶれる惨めな姿を確認することが、三度の飯より好きな連中だ。

弱者はそのためだけにこの世に生まれてきたのである。

強者であるあなたは、何としても弱者の醜い手口を洞察し、打ち勝つべきだ。

あなたが成功の扉をこじ開けたら、弱者はゾンビのように別のターゲットを探し始めるのだ。

39

同じチャンスは、二度と訪れない。

かつて私が感銘を受けた作家に野上弥生子《のがみやえこ》がいる。

『野上弥生子随筆集』の中に「ローマへ旅立つ息子に」という書簡が所収されているが、そこでこんな言葉に出逢った。


「身体に気をつけて病気をしないように、そうしてあなたの青春に思いがけなく恵まれた好機を十分に利用することを心掛けるとともに運命の女神《めがみ》は気紛《きまぐ》れで仮《か》借《しゃく》なく酷薄《こくはく》だということを忘れないでいらっしゃい」


仮借とは、大目に見て許すこと。

酷薄とは、残酷《ざんこく》で薄情《はくじょう》なこと。

要はチャンスというのは気紛れであり、大目に見て許してくれず、残酷で薄情であると母親は息子に言い聞かせているのだ。

ちなみにその息子とは、イタリア文学者の野上素一《そいち》氏（元京都大学名誉教授）で長男だ。

次男は物理学者の野上茂吉郎《もきちろう》氏（元東京大学名誉教授）、三男も物理学者の野上燿三《ようぞう》氏（元東京大学名誉教授）である。

手紙が書かれた昭和11年（二・二六事件が起こった年）という時代背景を考えると、いかに野上弥生子に先見の明があり、教養に溢れる家庭を築き上げたのかがわかる。

当時は国内が荒れ果て、学生も学業を放棄《ほうき》して学校を中退したり退学させられたりしていた状況だった。

私がこの文章に触れたのは大学時代だったが、今でも冒頭の野上弥生子の書簡の一部を胸に刻んで生きている。

様々な社会経験をして痛感させられたが、チャンスというのは本当に気紛れだ。いつ訪れるのかはわからないし、準備を待ってもくれない。

だからいつチャンスが突然巡って来ても活かせるように、常に準備をしておかなければならないのだ。

また、チャンスは絶対に大目に見てくれない。

その瞬間を逃したら同じチャンスは永遠に訪れない。

そしてチャンスは残酷であり、薄情でもある。

チャンスを逃した相手だけではなく、チャンスを活かせなかった相手にも冷たい。

しかもチャンスはあなたの状況に無関係でアトランダムに降ってくるのだ。

日々粛々と準備を整え、チャンスが訪れたら飛びつき、それをグッとつかみ続けることだ。

40

カリスマが無理なら、コバンザメとして生きろ。

最後にあなたに贈りたい知恵がある。

とても大切なことを本気で伝えるので、どうかあなたも本気で読んでもらいたい。

「自分の名前で生きる」と聞くと、誰もがカリスマになれると勘違いする人がいる。

結論を言ってしまおう。それは無理だ。

カリスマというのは先天的に決まっており、授からなかった人がカリスマを装《よそお》うと不幸になると相場は決まっている。

その証拠に、有名人でも突如自殺したり、精神的に参ってしまっておかしなタイミングで引退したりする人があとを絶たないのだ（偽りの自分を演じるのに疲れてしまうのだ）。

場合によっては犯罪行為に手を染める連中もいるのは、あなたもご存知の通りである。

人にはそれぞれ器があるし、与えられた使命がある。

女王バチは生まれながらにしてすでに女王バチであり、働きバチは生まれながらにしてすでに働きバチである。

女王バチは女王バチとして輝き、働きバチは働きバチとして輝くべきである。

ひまわりがチューリップに憧れても仕方がないし、チューリップがひまわりに憧れても仕方がない。

ひまわりはひまわりとして咲き、チューリップはチューリップとして咲くべきである。

それが自然の摂理であり、美しい生き方なのだ。

もしあなたにカリスマの使命が備わっていたら、もちろんカリスマとして成功しよう。そんなあなたを私は心から応援しよう。

だがもしあなたにカリスマの使命が備わっていないのを察知したなら、潔くカリスマは諦めよう。その場合は本物のカリスマのコバンザメに徹して生きるべき

である。

コバンザメはコバンザメに徹すれば、偽のカリスマよりも桁違いの成功を収められる。

また、意外に思うかもしれないがコバンザメの成功者は、本物のカリスマよりも成功して歴史に名を刻むこともある。

オリンピック選手に付き添うスポーツドクターやコーチ、その他プロフェッショナルがまさにそうだろう。

カリスマ経営者を陰で支えた副社長や参謀たちが成功者として輝けるのも同じだ。

確かに、カリスマとして輝くのは単純でわかりやすい成功かもしれない。

しかしコバンザメとして輝くのは、より深くて幸せな成功だと私は思う。

あなたの人生は、あなたが好きなように決めればいいのだ。

迷ったら、自分の遺伝子に耳を傾けよ。

Chapter. 5 Key Word

装丁：長坂勇司
DTP：キャップス
カバー写真：Alexandr Vasilyev／stock.adobe.com

『20代の勉強力で人生の伸びしろは決まる』

『人生で大切なことは、すべて「書店」で買える。』

『ギリギリまで動けない君の背中を押す言葉』

『あなたが落ちぶれたとき手を差しのべてくれる人は、友人ではない。』

〈日本文芸社〉

『何となく20代を過ごしてしまった人が30代で変わるための100の言葉』

〈ぱる出版〉

『学校で教わらなかった20代の辞書』

『教科書に載っていなかった20代の哲学』

『30代から輝きたい人が、20代で身につけておきたい「大人の流儀」』

『不器用でも愛される「自分ブランド」を磨く50の言葉』

『人生って、それに早く気づいた者勝ちなんだ！』

『挫折を乗り越えた人だけが口癖にする言葉』

『常識を破る勇気が道をひらく』

『読書をお金に換える技術』

『人生って、早く夢中になった者勝ちなんだ！』

『人生を愉快にする！ 超・ロジカル思考』

『こんな大人になりたい！』

『器の大きい人は、人の見ていない時に真価を発揮する。』

〈PHP研究所〉

『「その他大勢のダメ社員」にならないために20代で知っておきたい100の言葉』

『好きなことだけして生きていけ』

『お金と人を引き寄せる50の法則』

『人と比べないで生きていけ』

『たった1人との出逢いで人生が変わる人、10000人と出逢っても何も起きない人』

『友だちをつくるな』

『バカなのにできるやつ、賢いのにできないやつ』

『持たないヤツほど、成功する！』

『その他大勢から抜け出し、超一流になるために知っておくべきこと』

『図解「好きなこと」で夢をかなえる』

『仕事力をグーンと伸ばす20代の教科書』

『君のスキルは、お金になる』

『もう一度、仕事で会いたくなる人。』

〈藤田聖人〉

『学校は負けに行く場所。』

『偏差値30からの企画塾』

『「このまま人生終わっちゃうの？」と諦めかけた時に向き合う本。』

〈マガジンハウス〉

『心を動かす 無敵の文章術』

〈マネジメント社〉

『継続的に売れるセールスパーソンの行動特性88』

『存続社長と潰す社長』

『尊敬される保険代理店』

〈三笠書房〉

『「大学時代」自分のために絶対やっておきたいこと』

『人は、恋愛でこそ磨かれる』

『仕事は好かれた分だけ、お金になる。』

『1万人との対話でわかった 人生が変わる100の口ぐせ』

『30歳になるまでに、「いい人」をやめなさい！』

〈リベラル社〉

『人生の9割は出逢いで決まる』

『「すぐやる」力で差をつけろ』

〈総合法令出版〉

『20代のうちに知っておきたい お金のルール38』
『筋トレをする人は、なぜ、仕事で結果を出せるのか？』
『お金を稼ぐ人は、なぜ、筋トレをしているのか？』
『さあ、最高の旅に出かけよう』
『超一流は、なぜ、デスクがキレイなのか？』
『超一流は、なぜ、食事にこだわるのか？』
『超一流の謝り方』
『自分を変える 睡眠のルール』
『ムダの片づけ方』
『どんな問題も解決する すごい質問』
『成功する人は、なぜ、墓参りを欠かさないのか？』
『成功する人は、なぜ、占いをするのか？』
『超一流は、なぜ、靴磨きを欠かさないのか？』
『超一流の「数字」の使い方』

〈ソフトバンク クリエイティブ〉

『人生でいちばん差がつく20代に気づいておきたいたった１つのこと』
『本物の自信を手に入れるシンプルな生き方を教えよう。』

〈ダイヤモンド社〉

『出世の教科書』

〈大和書房〉

『20代のうちに会っておくべき35人のひと』
『30代で頭角を現す69の習慣』
『やめた人から成功する。』
『孤独になれば、道は拓ける。』
『人生を変える時間術』
『極 突破力』

〈宝島社〉

『死ぬまで悔いのない生き方をする45の言葉』
【共著】『20代でやっておきたい50の習慣』
『結局、仕事は気くばり』
『仕事がつらい時元気になれる100の言葉』
『本を読んだ人だけがどんな時代も生き抜くことができる』
『本を読んだ人だけがどんな時代も稼ぐことができる』
『１秒で差がつく仕事の心得』
『仕事で「もうダメだ！」と思ったら最後に読む本』

〈ディスカヴァー・トゥエンティワン〉

『転職１年目の仕事術』

〈徳間書店〉

『一度、手に入れたら一生モノの幸運をつかむ50の習慣』
『想いがかなう、話し方』
『君は、奇跡を起こす準備ができているか。』
『非常識な休日が、人生を決める。』
『超一流のマインドフルネス』
『５秒ルール』
『人生を変えるアウトプット術』

〈永岡書店〉

『就活で君を光らせる84の言葉』

〈ナナ・コーポレート・コミュニケーション〉

『15歳からはじめる成功哲学』

〈日本実業出版社〉

『「あなたから保険に入りたい」とお客様が殺到する保険代理店』
『社長！ この「直言」が聴けますか？』
『こんなコンサルタントが会社をダメにする！』

定感」が上がる100の言葉』
『いつまでも変われないのは、あなたが自分の「無知」を認めないからだ。』
『人生を切り拓く100の習慣』

〈KADOKAWA〉

『君の眠れる才能を呼び覚ます50の習慣』
『戦う君と読む33の言葉』

〈かんき出版〉

『死ぬまで仕事に困らないために20代で出逢っておきたい100の言葉』
『人生を最高に楽しむために20代で使ってはいけない100の言葉』
『20代で群れから抜け出すために顰蹙を買っても口にしておきたい100の言葉』
『20代の心構えが奇跡を生む【CD付き】』

〈きこ書房〉

『20代で伸びる人、沈む人』
『伸びる30代は、20代の頃より叱られる』
『仕事で悩んでいるあなたへ 経営コンサルタントから50の回答』

〈技術評論社〉

『顧客が倍増する魔法のハガキ術』

〈KKベストセラーズ〉

『20代 仕事に躓いた時に読む本』
『チャンスを掴める人はここが違う』

〈廣済堂出版〉

『はじめて部下ができたときに読む本』
『「今」を変えるためにできること』
『「特別な人」と出逢うために』
『「不自由」からの脱出』
『もし君が、そのことについて悩んでいるのなら』
『その「ひと言」は、言ってはいけない』
『稼ぐ男の身のまわり』
『「振り回されない」ための60の方法』
『お金の法則』
『成功する人は、なぜ「自分が好き」なのか？』

〈実務教育出版〉

『ヒツジで終わる習慣、ライオンに変わる決断』

〈秀和システム〉

『将来の希望ゼロでもチカラがみなぎってくる63の気づき』

〈祥伝社〉

『「自分の名前」で勝負する方法を教えよう。』

〈新日本保険新聞社〉

『勝つ保険代理店は、ここが違う！』

〈すばる舎〉

『今から、ふたりで「5年後のキミ」について話をしよう。』

『「どうせ変われない」とあなたが思うのは、「ありのままの自分」を受け容れたくないからだ』

〈星海社〉

『「やめること」からはじめなさい』
『「あたりまえ」からはじめなさい』
『「デキるふり」からはじめなさい』

〈青春出版社〉

『どこでも生きていける 100年つづく仕事の習慣』
『「今いる場所」で最高の成果が上げられる100の言葉』
『本気で勝ちたい人はやってはいけない』
『僕はこうして運を磨いてきた』

千田琢哉著作リスト（2020年1月現在）

〈アイバス出版〉

『一生トップで駆け抜けつづけるために20代で身につけたい勉強の技法』

『一生イノベーションを起こしつづけるビジネスパーソンになるために20代で身につけたい読書の技法』

『1日に10冊の本を読み3日で1冊の本を書く ボクのインプット＆アウトプット法』

『お金の9割は意欲とセンスだ』

〈あさ出版〉

『この悲惨な世の中でくじけないために20代で大切にしたい80のこと』

『30代で逆転する人、失速する人』

『君にはもうそんなことをしている時間は残されていない』

『あの人と一緒にいられる時間はもうそんなに長くない』

『印税で1億円稼ぐ』

『年収1000万円に届く人、届かない人、超える人』

『いつだってマンガが人生の教科書だった』

〈朝日新聞出版〉

『人生は「童話」に学べ』

〈海竜社〉

『本音でシンプルに生きる！』

『誰よりもたくさん挑み、誰よりもたくさん負けろ！』

『一流の人生―人間性は仕事で磨け！』

『大好きなことで、食べていく方法を教えよう。』

〈学研プラス〉

『たった2分で凹みから立ち直る本』

『たった2分で、決断できる。』

『たった2分で、やる気を上げる本。』

『たった2分で、道は開ける。』

『たった2分で、自分を変える本。』

『たった2分で、自分を磨く。』

『たった2分で、夢を叶える本。』

『たった2分で、怒りを乗り越える本。』

『たった2分で、自信を手に入れる本。』

『私たちの人生の目的は終わりなき成長である』

『たった2分で、勇気を取り戻す本。』

『今日が、人生最後の日だったら。』

『たった2分で、自分を超える本。』

『現状を破壊するには、「ぬるま湯」を飛び出さなければならない。』

『人生の勝負は、朝で決まる。』

『集中力を磨くと、人生に何が起こるのか？』

『大切なことは、「好き嫌い」で決めろ！』

『20代で身につけるべき「本当の教養」を教えよう。』

『残業ゼロで年収を上げたければ、まず「住むところ」を変えろ！』

『20代で知っておくべき「歴史の使い方」を教えよう。』

『「仕事が速い」から早く帰れるのではない。「早く帰る」から仕事が速くなるのだ。』

『20代で人生が開ける「最高の語彙力」を教えよう。』

『成功者を奮い立たせた本気の言葉』

『生き残るための、独学。』

『人生を変える、お金の使い方。』

『「無敵」のメンタル』

『根拠なき自信があふれ出す！「自己肯

著者プロフィール

千田琢哉（せんだ・たくや）

文筆家。愛知県犬山市生まれ、岐阜県各務原市育ち。

東北大学教育学部教育学科卒。日系損害保険会社本部、大手経営コンサルティング会社勤務を経て独立。コンサルティング会社では多くの業種業界におけるプロジェクトリーダーとして戦略策定からその実行支援に至るまで陣頭指揮を執る。のべ3,300人のエグゼクティブと10,000人を超えるビジネスパーソンたちとの対話によって得た事実とそこで培った知恵を活かし、“タブーへの挑戦で、次代を創る”を自らのミッションとして執筆活動を行なっている。

著書は本書で166冊目。

ホームページ：
http://www.senda-takuya.com/

「自分《じぶん》の名前《なまえ》」で勝負《しょうぶ》する方法《ほうほう》を教《おし》えよう。
―効率的《こうりつてき》に成功《せいこう》をつかむための40のヒント

令和2年1月5日　初版第1刷発行

著　者　千《せん》田《だ》琢《たく》哉《や》
発行者　辻　浩明
発行所　祥《しょう》伝《でん》社《しゃ》
〒101-8701
東京都千代田区神田神保町3-3
☎03(3265)2081(販売部)
☎03(3265)1084(編集部)
☎03(3265)3622(業務部)

印　刷　萩原印刷
製　本　積信堂

ISBN978-4-396-61716-5　C0030
祥伝社のホームページ・www.shodensha.co.jp

SELFISH（セルフィッシュ）
――真の「自分本位」を知れば、
人生のあらゆる成功が手に入る

トマス・J・レナード、バイロン・ローソン 著／
秦卓民 監修／糟野桃代 翻訳

世界的ロングセラーにして自己啓発の名著、初の完全日本語訳！パーソナル・コーチングの父、トマス・レナードが贈る仕事・収入・生活・人間関係……人生を豊かにする28の戦略

ビジネスの武器としての「デザイン」

奥山清行 著

フェラーリ、マセラティ、秋田・北陸新幹線から、大阪メトロ、ヤンマー、セイコー、伝統工芸品まで――。最先端ビジネスのトータルデザイナーが明かす「ビジネス」に「デザイン」を活かす極意！

株は夢をかなえる道具
――女子のための株式投資入門

杉原杏璃 著

30万円からスタートして、5年で1000万円に！ これまでの投資経験やノウハウ、投資を通して手に入れた自分らしい生き方を綴った一冊